AMOUR ET PORTEFEUILLE

Édition : Danielle Choquette
Infographie : Andréa Joseph
Révision : Isabelle Pauzé
Correction : Jocelyne Cormier et Lucie Desaulniers
Design de la couverture : Axel Perez de León
Photo de l'autrice : Studio Magenta

Catalogage avant publication de Bibliothèque et Archives nationales du Québec et Bibliothèque et Archives Canada

Titre : Amour et portefeuille : quand couple et argent font bon ménage / Josée Blondin.
Noms : Blondin, Josée, auteur.
Description : Comprend des références bibliographiques.
Identifiants : Canadiana (livre imprimé) 20230081428 | Canadiana (livre numérique) 20230081436 | ISBN 9782761961660 | ISBN 9782761961677 (livre numérique)
Vedettes-matière : RVM : Couples—Finances personnelles. | RVM : Finances personnelles—Aspect psychologique.
Classification : LCC HG179.B613 2024 | CDD 332.0240086/56—dc23

04-24
Imprimé au Canada

Dépôt légal : 2024
Bibliothèque et Archives nationales du Québec

ISBN (version papier) 978-2-7619-6166-0
ISBN (version numérique) 978-2-7619-6167-7

DISTRIBUTEURS EXCLUSIFS :

Pour le Canada et les États-Unis :
MESSAGERIES ADP inc.*
Téléphone : 450-640-1237
Internet : www.messageries-adp.com
* filiale du Groupe Sogides inc.,
filiale de Québecor Média inc.

Pour la France :
INTERFORUM ÉDITIS
Téléphone : 33 (0) 1 49 59 11 89 / 12 40
Service commandes France Métropolitaine
Téléphone : 33 (0) 2 38 32 71 00
Internet : www.interforum.fr
Service commandes Export — DOM-TOM
Internet : www.interforum.fr
Courriel : cdes-export@interforum.fr

Pour la Suisse :
INTERFORUM editis SUISSE
Téléphone : 41 (0) 26 460 80 60
Internet : www.interforumsuisse.ch
Courriel : office@interforumsuisse.ch
Distributeur : OLF S.A.
Commandes :
Téléphone : 41 (0) 26 467 53 33
Internet : www.olf.ch
Courriel : information@olf.ch

Pour la Belgique et le Luxembourg :
INTERFORUM BENELUX S.A.
Téléphone : 32 (0) 10 39 59 54
Internet : www.interforum.be
Courriel : Export.Belgique@interforum.fr

Gouvernement du Québec – Programme de crédit d'impôt pour l'édition de livres – Gestion SODEC – www.sodec.gouv.qc.ca

SODEC
Québec

L'Éditeur bénéficie du soutien de la Société de développement des entreprises culturelles du Québec pour son programme d'édition.

Conseil des arts du Canada | Canada Council for the Arts

Nous remercions le Conseil des arts du Canada de l'aide accordée à notre programme de publication.

Financé par le gouvernement du Canada
Funded by the Government of Canada | Canada

Nous reconnaissons l'aide financière du gouvernement du Canada par l'entremise du Fonds du livre du Canada pour nos activités d'édition.

JOSÉE BLONDIN

AMOUR ET PORTEFEUILLE

Quand couple et argent font bon ménage

LES ÉDITIONS DE L'HOMME

À mon fils, Zakary.
Que ton chemin soit parsemé d'amour et de prospérité.
Avec affection et bienveillance.

INTRODUCTION

POURQUOI UNE PSYCHOLOGUE DERRIÈRE LES FINANCES PERSONNELLES DES COUPLES ?

Pourquoi une psy derrière les finances personnelles ? Parce que la question de l'argent devrait être grandement humanisée, selon moi. Elle aurait tout avantage à être traitée en tenant compte du fait que les humains sont avant tout des êtres d'émotions, que leurs décisions sont prises à partir de leurs sentiments, de leurs désirs, bien plus qu'en fonction de leur raison. Et si chaque individu est émotif, imaginez ensuite ce qui se passe quand deux d'entre eux choisissent de vivre ensemble et qu'ils doivent aborder des sujets délicats comme les dépenses communes, la gestion de la maison, les économies, les achats importants, etc.

Au début de ma vie active, j'ai travaillé pour une institution financière. Parfois, on ne réalise pas sur le coup toutes les petites bifurcations que l'existence nous fait prendre ; c'est plus tard que nous établissons des liens. Et, je le constate aujourd'hui, c'est mon expérience dans le domaine bancaire qui m'a conduite à réaliser que l'argent, eh bien, c'est émotif ! Je venais de prendre conscience que l'argent et les émotions sont intimement liés. J'ai aussi été frappée, entre autres, par la différence entre les hommes et les femmes dans la gestion de leur argent et de leurs biens, et ces sujets, tant en ce qui a trait aux émotions liées à l'argent qu'aux différences entre les genres, m'ont interpellée. Par la suite, dans mon parcours professionnel, l'appel de la psychologie devenant trop grand, j'ai cessé de travailler à la banque pour me spécialiser en psychologie organisationnelle.

En spécifiant les mots « psychologie organisationnelle », je vous perds peut-être. Dans les faits, les psychologues organisationnels travaillent auprès de diverses entreprises et organisations afin de les seconder dans leur développement, leur croissance et leur continuité, tout en tenant compte des individus qui les composent et qui y évoluent. En psychologie organisationnelle, nous nous intéressons aux relations humaines et aux transitions vécues par les gens dans les organisations, notamment dans les entreprises. Nous sensibilisons notamment les dirigeants à l'importance de pouvoir compter sur les bonnes personnes à la bonne place ; nous favorisons le transfert des connaissances et une saine gestion du changement, ainsi que la mise en place de stratégies de transfert/continuité (vous verrez plus loin de quoi je parle). La psychologie organisationnelle place donc l'humain au cœur des organisations.

Pour ma part, au cours des 20 dernières années, je me suis spécialisée dans les enjeux humains liés au transfert d'entreprise (c'est-à-dire lorsque celle-ci est vendue ou transférée à une relève familiale, à des employés ou aux deux entités). Dans ma pratique, j'ai également eu la chance d'accompagner des couples en transition de vie. J'ai pu remarquer que dès qu'il est question de biens et d'argent, plusieurs personnes ont de la difficulté à bien se connaître et à s'entendre avec les autres. Tout ce qui concerne les finances personnelles peut donc devenir rapidement complexe et chaotique, car cela suscite immédiatement des émotions fortes. L'argent peut engendrer son lot de stress, ou parfois même de bonheur, selon nos perceptions, mais il a toujours une grande incidence tant sur les individus que sur les couples.

Donc, pourquoi est-ce que j'ai voulu écrire ce livre ? D'abord parce que cela rejoint mes deux passions (les finances et la psychologie), mais surtout parce que je crois qu'il est primordial que les couples abordent le sujet des finances autrement que dans une perspective purement rationnelle ; il est temps qu'ils y incluent la dimension émotionnelle.

À qui s'adresse ce livre

Cet ouvrage s'adresse aux couples. Mon souhait est avant tout de vous donner des idées, du soutien, des trucs, des façons d'entrevoir les questions d'argent à deux, sur un mode authentique et ouvert. J'espère vous faire sourire et vous conduire à des réflexions qui vous mèneront vers une saine relation de couple, en particulier en matière d'argent. J'aimerais vous amener à vous épanouir financièrement, à augmenter votre richesse à deux, tout cela dans le respect de vos différences.

Par « couple », j'entends un binôme (y compris toutes les caractéristiques de genre) qui a un lien émotionnel et sexuel, qui habite ensemble ou qui, à tout le moins, partage les dépenses sur un terrain commun. Je m'inspire de ce que dit le psychologue Yvon Dallaire : « Un couple heureux est composé de deux amis/complices qui réalisent des projets ensemble et continuent de faire l'amour. »

Cela dit, bien que je ne souhaite pas nécessairement catégoriser les hommes et les femmes, je considère qu'il y a des différences et une combinaison des dualités dans le large spectre nommé masculin et féminin. L'histoire de nos ancêtres nous a façonnés différemment, comme nous le verrons au chapitre 1.

Autre chose : Carl Jung, fondateur de la psychologie analytique, a établi les concepts de l'anima et de l'animus. Ces deux entités sont le miroir de l'image de notre sexe biologique. Ainsi, en chacun de nous, inconsciemment, il y aurait une part féminine et une part masculine. Le spectre des femmes inclurait donc aussi des aspects masculins (l'animus), tandis que le spectre des hommes comporterait également des aspects féminins (l'anima). C'est cela qui nous permettrait de nous adapter et de vivre ensemble. Et je crois qu'acquérir certaines qualités propres à l'autre genre peut vous conduire à développer une personnalité entière ou du moins vous mener vers une prise de conscience qui vous aidera à avancer dans vos différences.

Il ne s'agit donc pas dans cet ouvrage de catégoriser, mais bien de comprendre ces différences en matière de qualités tant féminines que masculines qui nous habitent tous. Cette meilleure compréhension de soi et de l'autre peut faciliter l'intégration des aspects qui se révèlent souvent source de conflits, comme la gestion des finances.

Autre précision sur votre couple : êtes-vous deux ou deux solitudes ? Si vous avez convenu que chacun avancera individuellement dans la vie et gérera ses finances indépendamment de l'autre, c'est un choix légitime. Sachez toutefois que si ensuite vous voulez vous enrichir à deux, il vous faudra apprendre à partager une même vision et à être clairs sur vos grands objectifs de vie afin d'éviter d'avancer en silo et de vous perdre de vue en poursuivant des buts différents. Si chacun avance de son côté, nous ne pouvons plus parler de couple. Un couple a nécessairement des projets communs. Je m'adresse donc à des couples qui souhaitent apprendre à communiquer afin d'éventuellement s'enrichir ensemble, tant du point de vue humain que du point de vue financier.

De plus, ayant été formatrice au sein de l'Institut québécois de planification financière, l'IQPF (aujourd'hui appelé Institut de planification financière), et chroniqueuse pour la revue *Finance et Investissement*, je souhaite aussi m'adresser aux planificateurs financiers qui, je l'espère, puiseront dans ce livre quelques idées pour une meilleure compréhension des humains derrière les finances.

Ce que je vous propose

Au chapitre 1, nous ferons un survol du passé qui a exercé une influence sur notre perception de l'argent et la façon de le gérer en couple. Nous aurons un aperçu de l'éducation, qui encore aujourd'hui peut exercer des pressions différentes sur les genres. À cause de cela, sommes-nous, encore aujourd'hui, hommes et femmes, différents face à l'argent ?

Au chapitre 2, j'aborde une question qui me tient à cœur, celle des croyances et des valeurs qui teintent tout ce que nous sommes, en particulier en ce qui concerne les questions d'argent. Vous constaterez que votre partenaire de vie n'entretient peut-être pas exactement les mêmes croyances ou valeurs que vous ; en tenant compte de ce fait, déjà vous verrez les choses autrement.

Au chapitre 3, nous réfléchirons à deux éléments : le fait que l'argent est encore parfois tabou et le rôle des émotions quand il est question de finances. Bien sûr, de nos jours, nous entendons beaucoup parler d'argent dans les médias et, pour cette raison, nous pourrions penser que nous nous sentons libres d'aborder toutes les questions d'ordre financier.

Mais ce n'est pas toujours le cas, vous le verrez. De plus, nos émotions reflètent nos besoins non comblés. En couple, apprendre à les reconnaître, à en cerner les contours et à en parler ouvertement avec son partenaire est un bon pas pour s'assurer des jours heureux.

Au chapitre 4, nous nous intéresserons au stress financier, une réalité de plus en plus présente, ainsi qu'à ses effets possibles sur les relations de couple et sur la santé. Vous serez à même de constater que plusieurs sources de stress sont liées à l'argent, et que, conséquemment, les tensions intérieures et de couple peuvent parfois s'accentuer.

Au chapitre 5, vous ferez connaissance avec l'approche économique comportementale. Celle-ci est plus humaine que les approches traditionnelles, car elle présuppose que nous sommes avant tout des êtres émotifs.

Au chapitre 6, nous nous intéresserons aux métaprogrammes de la programmation neurolinguistique (PNL) qui ont des incidences sur notre façon de percevoir et de vivre les questions financières. Dans le même ordre d'idées, les archétypes de Jung sont tout à fait pertinents pour mieux se connaître à tous points de vue, dont en matière de finances.

Au chapitre 7, vous découvrirez cinq stratégies gagnantes pour administrer vos biens et votre argent à deux en toute sérénité, et vous serez plus à l'aise de discuter de sujets plus ou moins délicats avec votre partenaire. Ces stratégies auront assurément un effet positif dans votre couple et votre enrichissement.

Au chapitre 8, je vous présente une proposition d'application d'un système organisationnel qui m'a été inspiré par la façon de faire des entreprises. Pouvons-nous bâtir un système organisationnel de couple, comme cela se fait dans les organisations ? Ma réponse est clairement oui, et vous y verrez comment procéder.

Au chapitre 9, nous constaterons que des événements difficiles et pas nécessairement romantiques peuvent toucher la vie des couples et qu'il est nécessaire de s'y préparer. Quelles sont les démarches à prévoir en cas de coup dur ou si un décès survient ? Comment assurer la continuité de votre patrimoine de couple ?

Enfin, le chapitre 10 s'adresse à un public plus ciblé. Étant intéressée par l'entrepreneuriat, comme vous le savez, j'ai voulu parler de ce sujet à l'intérieur du couple, car c'est une réalité de plus en plus présente. Comment départager la vie personnelle et la vie en affaires ? Comment préserver sa vie de famille ou de couple à travers un projet entrepreneurial ?

Finalement, je terminerai ce livre par des questions qui m'ont été posées au fil du temps. Je les partage avec vous pour que vous puissiez alimenter vos réflexions et développer un bon état d'esprit, ou *mindset*, vers un épanouissement financier qui correspond à vos aspirations.

J'ai aussi ajouté plusieurs exercices qui se réalisent parfois seul, parfois à deux, et qui vous permettront de devenir plus à l'aise par rapport à toutes les questions de gestion financière au sein de votre couple. L'idéal est que vous vous procuriez un cahier dans lequel vous pourrez écrire vos réflexions, vos questions, vos tentatives ainsi que les résultats des exercices.

Quelques collaborateurs précieux

Pour l'écriture de certains chapitres, j'ai pu profiter de la collaboration de personnes d'exception. Laissez-moi vous les présenter.

Depuis 2017, Robert Vézina est un de mes fidèles collaborateurs dans plusieurs dossiers de transfert d'entreprise.

Après avoir occupé pendant plus de 30 ans des postes de direction pour de grandes entreprises, il offre aujourd'hui des services de coaching personnel et d'affaires, de formateur et de conférencier. Comme il connaît bien les croyances, les valeurs et les métaprogrammes – en particulier en ce qui a trait à leur incidence sur la gestion de l'argent –, il a grandement contribué aux chapitres 2 et 6.

Je voudrais également souligner la contribution d'Alexandre Moïse, conseiller en sécurité financière et représentant en épargne collective, au chapitre 9, qui porte sur le patrimoine financier et la continuité.

Je tiens également à remercier Cindy D'Auteuil, qui accompagne les femmes entrepreneures vers la prospérité et qui les aide à renforcer leur sentiment de confiance et de liberté. La combinaison de nos expertises a été riche d'enseignements que nous espérons avoir réussi à vous transmettre au chapitre 10. De plus, Cindy partage avec nous les résultats d'un sondage qu'elle a mené auprès de sa clientèle féminine au sujet des difficultés de l'entrepreneuriat au féminin.

Tout au long de ce livre, je vous invite à pousser plus à fond vos réflexions, de vous observer dans le présent et de vous propulser dans le futur. Notre relation à l'argent est liée à notre passé, à notre genre (homme, femme, etc.), à notre personnalité, à nos valeurs, à nos croyances, à nos métaprogrammes, à nos archétypes, etc. Tout cela s'est construit au cours de notre vie et continue de se définir aujourd'hui.

En toute humanité, pour votre épanouissement financier à deux.

Bonne lecture !

CHAPITRE 1

NOTRE RELATION À L'ARGENT, DÉMYSTIFIONS-LA !

Derrière l'argent, il y a de tout, sauf de l'argent…

Martin Gagnon

L'histoire de notre société et notre histoire personnelle ont façonné le monde dans lequel nous évoluons, et cela influence ce que nous sommes aujourd'hui. Nous ne pouvons en faire fi, et c'est parfois en considérant d'où nous venons que nous trouvons des réponses à nos comportements. Un regard sur notre passé peut donc nous aider à mieux comprendre notre situation actuelle, ce qui nous permet ensuite d'avancer, de poursuivre notre évolution et de devenir plus clairvoyants (ou plus conscients) quand il est question de gérer nos biens et notre argent à deux.

Une inégalité de genre

Pour éclairer une part de ce que représente le rapport à l'argent des couples, penchons-nous d'abord sur un temps pas si lointain. Avant 1900, selon la loi anglaise, qui prévalait dans les provinces canadiennes, à part le Québec, la femme cédait tous ses biens à son époux dès qu'elle se mariait. Ce dernier devenait alors l'unique propriétaire des biens du couple, et pouvait ensuite léguer une bonne part de ses possessions à qui bon lui semblait. En effet, à son décès, l'époux avait pour seule obligation de léguer seulement un tiers des biens à sa veuve. Cette dernière était ensuite tenue de léguer les biens hérités aux enfants nés du mariage. Elle ne pouvait donc pas choisir librement ses légataires.

Les dispositions de la Coutume de Paris seront appliquées jusqu'en 1866 ; ce sera ensuite celles du Code civil des Français. À partir de ce moment, les deux époux devenaient propriétaires des biens à parts égales. Toutefois, pendant leur vie commune, l'homme était le gestionnaire des biens (et donc le décideur), et ce n'est qu'après le décès du mari que la femme pouvait léguer ses biens en héritage à qui elle le souhaitait.

Il en était de même dans de nombreuses régions d'Europe, où les modèles familiaux étaient patriarcaux. Cela signifie que l'homme était considéré comme le pourvoyeur principal, responsable de subvenir aux besoins financiers du foyer. Les femmes vivaient souvent une dépendance économique vis-à-vis de leur mari. En règle générale, l'homme était celui qui gérait les finances familiales. Il prenait les décisions importantes concernant l'argent, les investissements et les dépenses, tandis que la femme tenait les rôles liés aux tâches domestiques et à l'éducation des enfants.

Il n'y a pas si longtemps, dans les années 1920, la femme célibataire était en meilleure posture (si je peux l'exprimer ainsi), car elle n'avait pas à rendre de comptes à qui que ce soit au sujet de la gestion de son argent et de ses biens, tandis que, comme nous l'avons vu, une femme mariée était considérée comme incapable de gérer ses finances de manière autonome. Dès qu'une fille se mariait, elle se voyait obligée de demander des permissions à son mari pour tous les types de dépenses ; c'était même lui qui décidait du montant d'argent qu'il lui remettait afin qu'elle gère la maisonnée (vêtements, repas, confort du foyer, etc.). On peut facilement penser que toutes les figures de générosité existaient : certains maris remettaient tout leur salaire à leur épouse, tandis que d'autres se contentaient de leur verser une mince contribution et conservaient le loisir de dépenser l'argent du foyer comme bon leur semblait. Pour résumer, comme l'écrivait Bettina Bradbury, dans son livre *Familles ouvrières à Montréal. Âge, genre et survie quotidienne pendant la phase d'industrialisation*[1] :

> Ainsi, dans la classe ouvrière qui émerge au 19e siècle, les femmes achètent les petites choses de la vie, pendant que l'homme va travailler. Mais pour les grandes choses, ce sont les hommes qui décident. Il faut savoir que jusqu'aux années 1960, les biens appartiennent aux deux conjoints, mais sont gérés par les hommes.

Oui, jusque dans les années 1960, « les femmes achètent les petites choses de la vie », et les changements ne s'amorceront qu'à partir de 1964. On peut croire que toutes ces restrictions et ce manque de liberté ont fait en sorte d'éveiller le désir des femmes de se libérer, en ce qui concerne tant la gestion de leurs biens et de leurs finances personnelles que leurs choix et leurs actions. Plusieurs ont certainement eu envie d'avoir un mot à dire, un droit de regard, et surtout de pouvoir prendre leurs propres décisions en matière d'argent sans avoir à se justifier.

Pendant cette longue période d'asservissement à l'époux, certaines femmes ont dû faire preuve de beaucoup de créativité pour arriver à faire vivre leur famille. Et on peut comprendre que les femmes ont parfois dû devenir très économes et que leurs préoccupations sont restées davantage centrées sur le bien-être de la famille. Sans tomber dans les trop grandes généralisations, il est aisé de remarquer que bien des femmes ont dû se débrouiller et essayer de faire beaucoup avec peu. Ce sont les traces de notre passé !

Ainsi, au fil du temps, les femmes ont développé un esprit de sacrifice envers la famille et un grand sens des responsabilités, notamment à cause de règles défaillantes du droit et du fait qu'elles étaient des mères et qu'elles passaient leur temps à la maison sans possibilité d'en sortir vraiment. En effet, pour la plupart d'entre elles, l'argent était au « service de... la famille, des proches, des enfants, de la maison ». Les femmes ont, selon moi, adopté une philosophie de sacrifice plutôt qu'une philosophie « d'aisance » envers elles-mêmes et leurs besoins personnels. Et il en reste quelque chose aujourd'hui.

Chez les femmes, une responsabilité familiale prééminente

Le passé pourrait même expliquer le sentiment de culpabilité éprouvé par certaines femmes quand elles font – encore aujourd'hui – des achats pour elles-mêmes. En consultation, Virginie[2] me rapportait qu'elle était fatiguée de toujours être portée à justifier ses dépenses à son conjoint. Elle venait de se procurer une veste et avait spontanément dit à son partenaire que l'article était en solde. Or, pourquoi justifie-t-on ses actes ? se demandait-elle. Parce qu'on ressent un sentiment de culpabilité. Cette même cliente ajoutait que son conjoint David ne justifiait presque jamais ses achats d'outils, sauf pour mentionner qu'il comptait procéder à telle ou telle réparation qu'elle lui avait demandée. Alors, avant d'indiquer que la fameuse veste était en solde, cette femme aurait pu dire à son amoureux qu'elle l'avait achetée parce qu'elle la trouvait belle et qu'elle lui allait bien, donc qu'il s'agissait d'une dépense faite simplement pour ses besoins et son plaisir.

Idéalement, un achat est effectué pour soi, dans le but de combler une satisfaction personnelle, ou encore pour le couple, pour la maisonnée. Dans notre exemple, David achète un outil en se disant que c'est pour répondre à un besoin externe : une réparation. Bien sûr, il en tire un certain plaisir, mais il ne ressent surtout aucune culpabilité. Pour Virginie, bien qu'elle achète le vêtement, il lui reste un fond de culpabilité dès lors qu'elle procède à cet achat strictement pour elle-même. Pour elle, une dépense doit souvent d'abord répondre au bien-être de la famille ; en ce sens, l'achat est plus satisfaisant s'il comble le besoin d'un proche. Il est à noter que ce ne sont pas tous les couples qui fonctionnent de cette façon. Cependant, dans ma pratique, j'ai souvent vu que l'un des deux conjoints – plus souvent la femme – a tendance à se sacrifier pour le bien-être commun.

Je recevais un couple en consultation. Céline, vivant une grande irritation, exprimait ceci : « Nous arrivons à peine à mettre de l'argent de côté pour les études de nos enfants et Stéphan vient d'acheter un vélo à 2000 $. » Ce dernier, de son côté, prétendait que cet achat visait à satisfaire la famille ! Cette affirmation suscitait chez sa conjointe autant d'incompréhension que d'exaspération. Stéphan nous a alors expliqué que faire du vélo lui permettait de se libérer de son stress personnel, ce qui le rendait ensuite pleinement disponible pour sa famille. À son avis, il s'agissait donc d'un achat fait en pensant qu'il pourrait « servir à la famille ». Cependant, ajoutait-il : « Tant qu'à avoir un vélo, je l'ai choisi pour qu'il convienne à ma performance. Il est peut-être un peu au-delà de mon réel besoin d'usage. »

Au temps des cavernes

Reculons encore plus loin dans le passé. Quel était le système social et quels étaient les rôles respectifs des hommes et des femmes à l'époque des cavernes ? Les femmes s'occupaient de la maisonnée, des enfants et de la cueillette des fruits et autres végétaux. On peut donc penser qu'elles passaient du temps ensemble et qu'elles avaient le loisir d'échanger entre elles, de partager des trucs, des conseils, de s'écouter mutuellement, etc. Cela expliquerait pourquoi les femmes ont tout simplement besoin de parler de ce qu'elles vivent et d'exprimer les émotions qu'elles ressentent. Comme en fait mention John Gray dans son livre *Les hommes viennent de Mars, les femmes viennent de Vénus*, ces dernières ne cherchent pas nécessairement une solution à un problème : elles veulent plutôt en parler. L'origine de cette façon d'être pourrait remonter à cette époque des cavernes.

Quant aux hommes, à cette époque, leur rôle était tout autre : ils avaient la responsabilité de rapporter les produits de la chasse. Ils pouvaient donc se consulter pour élaborer un plan d'attaque en vue de chasser le mammouth, par exemple, mais, une fois sur le terrain, ce n'était certainement plus le temps de discuter ensemble ou d'échanger sur la pluie et le beau temps. Non ! Puisqu'il était question de survie, il fallait tuer les bêtes et conserver leur esprit de combativité. On peut même penser que certains usaient de plus de ruse pour avoir l'honneur d'être les gagnants des parties de chasse.

Je vous entends me demander quel est le lien entre les finances personnelles et les mammouths. En ces temps préhistoriques, les hommes étaient les pourvoyeurs, et cela a persisté pendant des millénaires. Ces rôles, très clivés, ont façonné notre manière de penser et de nous comporter au quotidien, ce qui a eu un impact sur notre relation à l'argent. Oui, il se peut que, de nos jours, ces perceptions se modifient, mais il reste encore aujourd'hui des traces du passé dans notre comportement, et les rôles sont toujours à clarifier pour éviter toute confusion.

Dans la littérature scientifique et dans ma pratique en consultation, j'ai aussi fait un constat particulier: pour les hommes, l'argent est souvent synonyme de puissance, de virilité, de combativité, et il est même un outil de comparaison entre eux. On pourrait penser que cela remonte à des époques lointaines.

Autre constatation: tant pour les hommes que pour les femmes, avoir de l'argent est synonyme d'indépendance et de liberté. Ce sont les moyens privilégiés et les actions posées par les uns et par les autres qui vont différer pour atteindre ces objectifs.

Qu'en est-il de nos jours?

Oui, il y a eu une évolution entre les hommes et les femmes quant aux questions d'argent au cours des 50 dernières années, mais il subsiste encore des traces de notre passé. Nous lisons toujours aux jeunes filles des histoires de princes charmants qui viendront les sauver, ce qui peut leur transmettre l'idée que les moyens de survie, puis l'argent, les biens, les châteaux, etc., viendront de quelqu'un d'autre et qu'ils seront associés étroitement à l'amour. Souvenons-nous que, pour les femmes, l'histoire de la survie est passée par l'amour, par le père et le mari, qui subvenaient à leurs besoins.

Les rôles de l'homme et de la femme dans la société tendent à changer et à devenir moins stéréotypés, mais ils demeurent des symboles forts et ils influencent encore nos pensées ainsi que nos façons d'agir et de nous comporter.

Cela va loin et, encore aujourd'hui, une femme peut facilement penser d'un homme qu'il est séduisant parce qu'il a du pouvoir et de l'argent, tandis qu'un homme risque d'être davantage attiré par une femme à qui il peut rendre service, qu'il peut combler. Elle sera d'ailleurs perçue comme son port d'attache, celle qui va assurer les besoins d'unité familiale et qui l'entraînera à partir en mission pour combler ce besoin.

Pour ces raisons, je constate souvent que les hommes et les femmes ne pensent pas et ne perçoivent pas les choses de la même façon. De même, dans tous les types de couples, les deux partenaires sont différents l'un de l'autre, ont chacun leurs perceptions et leurs croyances propres. Les couples ont donc avantage à clarifier leurs rôles respectifs afin de pouvoir trouver leur direction.

Nous traversons actuellement une période où chaque membre du couple a la liberté d'agir et de faire ses propres choix. Mais il reste malgré tout des inégalités qu'il vaut mieux percevoir. De plus, en prenant conscience de nos différences, nous pourrons adopter une nouvelle vision ou favoriser l'acceptation de l'autre.

Le sexisme n'est pas toujours là où on le voit!

CHAPITRE 2

L'INFLUENCE DE NOS CROYANCES ET DE NOS VALEURS SUR NOTRE RAPPORT À L'ARGENT

Les croyances sont les racines de nos valeurs ;
nos valeurs sont les branches de nos actions.
John F. Kennedy

En couple, nos croyances et nos valeurs respectives sont fondamentales pour savoir si nous pouvons avancer en synergie et en harmonie. Il est très difficile d'aller dans la même direction quand les croyances et/ou les valeurs de l'un sont diamétralement opposées à celles de l'autre. En effet, les unes et les autres sont en quelque sorte les racines de notre vie, les éléments fondamentaux qui nourrissent et soutiennent notre existence, et, quand nous touchons à un sujet aussi important que l'argent, c'est d'autant plus vrai.

Dans ce chapitre écrit en collaboration avec Robert Vézina, vous verrez l'influence de nos croyances et de nos valeurs au sein du couple. Vous aurez l'occasion de vous poser les questions suivantes: quelles sont mes croyances et mes valeurs par rapport à l'argent? Quelles sont celles de la personne avec qui je vis? Quelles sont nos valeurs et nos croyances communes, et quelles sont celles qui s'opposent? En fin de chapitre, vous trouverez également une liste de quelques croyances répandues dans nos sociétés qui peuvent avoir une incidence sur vous et votre couple.

Ce que sont les croyances

Tout d'abord, prenons conscience que nos croyances sont des idées générales que nous avons sur la vie, et que nous cultivons à notre sujet et au sujet des autres et de notre environnement. On peut penser à des comportements («Je vis à la petite semaine, étant incapable d'économiser», «Je réussis haut la main tous les projets que j'entreprends»); à des capacités, ou des incapacités, que nous croyons avoir («Je suis nul en mécanique, mais excellent en gestion», «Je suis incapable de m'améliorer au tennis», «Je suis tout à fait capable d'apprendre une nouvelle langue»); à des énoncés philosophiques («La vie est dure», «La vie est un jardin de roses»); ou encore à des principes à propos desquels nous émettons une opinion («Il ne faut jamais investir à la bourse», «Ça ne sert à rien de faire un budget»). En somme, les croyances sont des idées que nous endossons comme étant des vérités, des faits avérés, et qui expliquent tant les situations que nos actions.

Quand j'étais adolescente, mon père me répétait sans cesse: «L'avenir appartient aux gens qui se lèvent tôt!» Or, laissez-moi vous confier que, à cette époque, je n'étais pas précisément une lève-tôt. J'avais même fini par lui répondre que je ne croyais pas avoir d'avenir, car je n'adhérais pas à SA croyance. Pourquoi l'entretenait-il ? Était-ce lié à son éducation ? Était-ce parce qu'on lui avait rabâché cette phrase quand il avait commencé sa vie active d'homme d'affaires ? Ou était-il simplement un lève-tôt lui-même ? Nous ne le saurons jamais, car mon papa est décédé, et je n'ai jamais eu la chance de démystifier avec lui cette croyance qu'il avait. Cependant, en devenant une adulte, j'ai finalement conclu que je ne crois pas que l'avenir appartient nécessairement à ceux qui se lèvent tôt ; je pense qu'il appartient plutôt à ceux qui croient en eux-mêmes. C'est aussi une croyance qui, à mon avis, est moins limitante.

Les croyances sont donc pour ainsi dire ce qui nous trotte dans la tête et que nous considérons comme des vérités, sans nécessairement les avoir examinées de près ni les avoir remises en question. Il est à noter qu'il peut être difficile de faire la distinction entre nos croyances et la vérité justement parce que celles-ci sont issues de notre passé. Lorsque nous voulons nous connaître mieux (ce qui est probablement le cas si vous lisez ce livre), il est important de réfléchir à ce que sont nos croyances et de les nommer parce qu'elles sont trop souvent inconscientes, bien qu'elles régissent généralement nos comportements, donc notre vie.

Les croyances peuvent découler de l'éducation que nous avons reçue, de la religion que nous pratiquons ou qu'on nous a encouragés à pratiquer dans le passé, de la culture dans laquelle nous baignons, etc. Elles proviennent donc à la fois de notre histoire personnelle et collective. En fait, toutes les formes de conditionnement et de manipulation que nous avons vécues nous mènent à croire certaines choses : ce sont aussi nos croyances.

Nous pouvons même entretenir des croyances à partir de nos sens puisque nous avons également tendance à croire ce que nous percevons. Par exemple, une personne qui souffre d'achromatopsie (elle ne perçoit pas les couleurs) pourrait entretenir la croyance que tout est noir, gris et blanc ; ce serait sa vérité !

Autre exemple de l'incidence de nos croyances sur nos actions. Pensons à une personne qui entretient la croyance que « faire de l'argent » est nécessairement malhonnête. Puisqu'elle a une relation négative avec l'argent, cela pourrait l'influencer à devenir dépensière. Elle s'arrangerait ainsi pour avoir peu d'argent et de biens, ce qui lui permettrait de se considérer comme une personne honnête !

Il existe ce qu'on appelle des croyances globales, par exemple « La vie est merveilleuse », et des croyances de règles, par exemple « Si vous êtes gentil avec les autres, alors ils vous traiteront bien ». Une autre personne pourrait croire en gros que « La vie est difficile » et suivre une règle en ce sens qui dirait : « Si vous êtes gentil avec les gens, ils profiteront de vous ! »

Certaines croyances peuvent nous aider à vivre heureux, à réussir ce que nous voulons accomplir, à voir les occasions qui se présentent, etc. On dit alors que ce sont des croyances aidantes. Par exemple, une croyance telle que « La richesse permet d'être généreux » pourrait nous encourager à nous enrichir. En revanche, si nous entretenons la croyance limitante que « nous sommes nés pour un petit pain », nous risquons de nous priver d'accéder à l'aisance financière.

Or, comme rien n'est simple, certaines croyances qui nous ont aidés dans le passé peuvent se transformer en croyances limitantes, et vice-versa. Une croyance comme « Les hommes préfèrent les femmes jeunes » pourrait devenir nuisible ou douloureuse lorsqu'une femme vieillit. De même, la croyance qu'il faut économiser à tout prix pourrait nous aider pendant une période, puis nous nuire si une occasion d'investissement intéressante se présentait et que nous restions figés dans l'inaction, incapables d'investir.

Il faut garder en tête que nous avons des croyances sur à peu près tous les sujets, et que c'est cela qui nous sert à décrire et à comprendre notre réalité et nos perceptions. C'est en quelque sorte notre schéma de référence, notre boussole interne. Il en va de même en ce qui concerne notre relation à l'argent, qui est toujours teintée de nos croyances.

EXERCICE – SIX CROYANCES QUE J'AI

Dans votre cahier, inscrivez six croyances que vous entretenez. Puis pensez à chacune d'elles et voyez si elle est limitante ou aidante, et s'il en a toujours été ainsi. Je vous donne des exemples, mais prenez le temps de trouver vos propres croyances.

1. Une croyance générale vous concernant ; par exemple, l'avenir appartient à ceux qui se lèvent tôt.
2. Une croyance vous concernant par rapport à l'argent ; par exemple, il faut travailler fort pour faire de l'argent.
3. Une croyance concernant une autre personne ou les autres ; par exemple, le jardin de ma voisine est toujours plus vert que le mien.
4. Une croyance concernant une autre personne ou les autres par rapport à l'argent ; par exemple, les gens riches sont tous des escrocs.
5. Une croyance concernant votre perception de la vie ; par exemple, la vie m'apporte toujours ce dont j'ai besoin.

6. Une croyance concernant votre perception de la vie par rapport à l'argent ; par exemple, je sais que je ne manquerai jamais de rien.

EXERCICE – À DEUX, DOUZE CROYANCES QUE NOUS AVONS

Imaginez maintenant l'abondance des croyances que l'on peut trouver chez tous les couples, y compris le vôtre. Avec votre partenaire, faites l'exercice précédent à deux. Puis discutez ensemble de vos résultats, de ce qui se ressemble et ne se ressemble pas.

Ce que sont les valeurs

« Les valeurs deviennent les lunettes à travers lesquelles nous regardons le monde. Nous évaluons, assignons des priorités, jugeons et nous nous comportons selon ce que nous voyons du monde à travers ces lunettes », a écrit l'auteur américain Stephen Covey.

Voici une autre façon simple d'expliquer ce qu'est une valeur : c'est ce que l'on considère comme le plus important dans notre vie. Ce sont les règles et les grands principes que nous adoptons, et ceux-ci deviennent le noyau de notre système de croyances. Nos valeurs, c'est un peu notre code d'éthique. Un couple ayant les mêmes valeurs s'entendra en général très bien et aura de la facilité à dialoguer, car chacun des partenaires comprendra aisément le point de vue de l'autre. Au contraire, si leurs valeurs diffèrent, il est probable que leur entente sera plus difficile et que des compromis seront nécessaires.

Mais rien n'étant simple, on peut avoir des valeurs semblables qui reposent sur des croyances différentes. On pourrait donc voir deux situations compliquées en couple : celle où les valeurs diffèrent et celles où les valeurs sont semblables tout en reposant sur des croyances différentes.

Des valeurs différentes reposant sur une croyance semblable

Imaginons qu'un partenaire accorde beaucoup d'importance à la valeur « générosité », tandis que la valeur principale de l'autre est la « sécurité financière ». On voit tout de suite que des discussions seront nécessaires, en particulier pendant la période des Fêtes lorsque viendra le temps de faire des dons de charité et d'acheter les cadeaux de Noël. Cela sera vrai même si ce couple entretient la même croyance que « Le bonheur est dans le partage ».

Remarquez que si, au jour le jour, les valeurs diffèrent dans un couple, certains aménagements se font grâce à l'habitude ; c'est lorsqu'un événement sort de l'ordinaire que les différences de valeurs deviennent plus visibles.

Des valeurs semblables reposant sur des croyances différentes

Imaginons maintenant que deux personnes en couple aient en haute estime la valeur « justice » ou « équité ». Tant que les deux ont des revenus similaires, ils s'entendent à merveille et analysent généralement les situations qui se produisent dans leur environnement selon la même perspective.

Mais qu'arrive-t-il si leurs revenus en viennent à être différents ? Supposons qu'un des partenaires reçoive un salaire plus élevé que l'autre et qu'il croie que l'équité dans le couple consiste à tout séparer et à payer à parts égales, tandis que l'autre – moins bien nanti – considère que l'équité consiste à ce que les deux assument les dépenses totales en proportion de leur revenu respectif. Cela pourrait entraîner des effets particulièrement difficiles lors d'événements qui sortent de l'ordinaire. Ainsi, si ce couple prépare un séjour au bord de la mer qu'il évalue à 5000 $, un des deux trouvera juste et équitable que le voyage soit payé moitié-moitié, tandis que l'autre s'attendra à ce que celui qui a un plus gros salaire débourse une part plus importante du coût du périple.

Avoir les mêmes valeurs d'équité et de justice, et pourtant des croyances différentes, entraînera potentiellement des discussions, des déceptions, peut-être des non-dits. Ce couple devra identifier les croyances respectives de chacun, les valeurs en présence, et considérer la situation réelle pour voir ce qui serait le mieux par rapport à la répartition des dépenses, cela afin de ne pas accumuler de frustrations qui, à long terme, risqueraient d'avoir un impact sur leur bonheur.

Voici un autre exemple de valeur semblable reposant sur une croyance différente. Une valeur fréquente dans nos sociétés est la « liberté », dont l'interprétation peut varier d'une personne à l'autre. Imaginez que les deux individus d'un couple ont la « liberté » pour principale valeur. Celle-ci fait partie de leur ADN, comme ils le disent, et c'est même ce qui les a attirés l'un vers l'autre. Cependant, cette valeur – tout comme les autres – peut s'exprimer différemment selon les croyances de chacun. En effet, un des deux pourrait avoir pour croyance que « La liberté, c'est gagner beaucoup d'argent et pouvoir faire ou acheter ce qu'on veut dans la vie », tandis que l'autre pourrait croire qu'être libre, c'est « Pouvoir choisir de ne pas travailler, même si cela a pour conséquence d'avoir accès à peu d'argent ».

En couple, il est donc important de communiquer à ce sujet et de le faire de la bonne façon, c'est-à-dire en prenant le temps de clarifier la signification de nos valeurs respectives dans le contexte de nos croyances. Avant de conclure que nous avons tous deux la même valeur « liberté », prenons le temps d'entendre ce que celle-ci représente pour chacun des partenaires. Cette façon de faire évitera des mésententes, des déceptions et des frustrations.

En reconnaissant la vraie définition de nos valeurs respectives, nous pouvons mettre au jour les croyances associées, et il devient alors possible de voir si nos valeurs sont effectivement semblables ou si, en fin de compte, elles ne le sont pas ! Et s'il est possible de nous adapter l'un à l'autre, ou pas !

Les couples se forment très souvent parce que deux personnes ont des valeurs similaires. En revanche, les exemples qui précèdent démontrent que les croyances de chacun peuvent générer des situations conflictuelles, malgré l'apparente harmonie des valeurs.

Par ailleurs, redisons-le, les événements qui sortent de l'ordinaire (vacances, période des Fêtes) ainsi que les grands événements de la vie commune (naissance des enfants, départ des enfants de la maison, retraite, etc.) font en sorte que la majorité des couples sont entraînés dans des discussions qui impliquent de faire appel tant à leurs croyances qu'à leurs valeurs.

Maintenant, allons plus loin. Dans les couples, il est aussi fréquent qu'un membre ait plusieurs valeurs, dont une en accord avec son partenaire, tandis que les autres diffèrent.

Quand des valeurs multiples se côtoient

Supposons un couple qui vient d'avoir un premier enfant et qui a pour valeur prioritaire la « famille ». Un des deux peut croire (avoir la croyance) qu'il est préférable d'arrêter de travailler et de rester à la maison jusqu'à ce que l'enfant soit en âge de fréquenter l'école, tandis que l'autre, bien qu'il ait la valeur « famille » en haute estime, a également pour valeur la « prospérité », tout à côté, pratiquement au même niveau. Ce dernier risque de voir d'un mauvais œil la perte d'un deuxième salaire et d'en être contrarié. La situation sera d'autant plus problématique si ce partenaire a également pour croyance que l'enfant socialisera mieux s'il fréquente un centre de la petite enfance ou un autre milieu de garde.

EXERCICE – À DEUX, UNE DISCUSSION AUTOUR DE SIX VALEURS DE NOTRE COUPLE

Prenez le temps de penser à trois valeurs qui sont importantes pour vous. En même temps, demandez à votre partenaire de faire de même. Puis, partagez vos valeurs et discutez-en ensemble. Sont-elles différentes ? Semblables ? Comment se définissent-elles pour chacun ? Cette discussion vous permettra de mettre en lumière ce qui vous éloigne parfois et ce qui vous relie l'un à l'autre. En en parlant à cœur ouvert, vous aurez plus de respect pour vos valeurs respectives, même si elles ne sont pas toujours similaires.

Attention : on ne saisit pas tout des autres

Même si nous avons des croyances et des valeurs différentes, il est important de rester respectueux et de nous souvenir que chacun a un passé et des expériences qui l'ont guidé vers ses croyances et ses valeurs, sans compter que certaines situations peuvent nous inciter à adopter un comportement qui a sa logique propre, mais qui est difficile à suivre pour un observateur.

Un jour, on m'a enseigné un principe qui me guide encore aujourd'hui et me permet d'accepter les différences de pensée ou d'action de chacun. Ce principe m'a grandement aidée pendant la traversée de l'adolescence de mon fils. Le voici donc : il existe trois lois dans la vie. La première est la loi universelle ; par exemple, le soleil va se coucher, il va probablement neiger une fois en novembre si nous sommes dans un pays nordique, etc. Bref, nous n'avons aucun pouvoir sur cette première loi. La deuxième est la loi sociale. Nous créons des lois sociales, c'est-à-dire des règles : ainsi, nous devons respecter une vitesse de 100 km/heure sur l'autoroute au Québec, de 140 km/heure en France, etc. De même, il y a une politique concernant l'absentéisme dans l'entreprise pour laquelle nous travaillons, etc. Nous pouvons transgresser ces lois, mais si nous le faisons, c'est clair qu'il y aura des conséquences. La troisième loi est la loi individuelle : par elle, chacun agit selon son vécu, selon la perception qu'il a des situations ; ses actions sont soutenues par son expérience, ses valeurs et ses croyances.

Prenez le cas d'une personne qui ne réussit pas à dormir, qui se lève et décide d'aller bricoler dans son atelier... Puis, oups ! Elle se coupe profondément à un doigt. Son besoin est de se rendre rapidement à l'urgence. Elle prend donc sa voiture, brûle les panneaux d'arrêt et les feux, car après tout, il est 3 h du matin, et elle aspire à arriver très rapidement à l'hôpital. Au même moment, une autre personne fait une promenade, car elle non plus n'arrive pas à dormir. Elle aperçoit une auto qui file à vive allure et ne s'arrête pas aux stops et aux feux. Qu'est-ce que cette deuxième personne va penser, selon vous ? Honnêtement ? Elle va se dire que celui qui conduit est un malade, un chauffard ! Et je reste polie. Or, c'est la troisième loi qui a primé ici pour notre insomniaque bricoleur, celle de sa loi individuelle.

Constat ? Nous avons le jugement facile quand un événement se situe hors de notre perception ou de notre compréhension. Ainsi, chacun doit pouvoir penser et avoir ses réactions selon ses propres croyances, ses perceptions, sa réalité, etc. Dans cette optique, une employée a donc le droit d'être en retard au travail ; cependant, il existe une politique concernant les absences et les retards dans son entreprise. Alors, si je suis sa patronne, je devrais prendre le temps de comprendre sa réalité avant de la juger et de réagir négativement à son retard. Il se peut que mon employée, dont l'horaire commence à 8 h, doive aussi aller reconduire son enfant à l'école avant.

Les croyances qui exercent une influence sur le comportement financier

Je vous invite à explorer diverses croyances courantes que vous avez peut-être entendues ou qui influencent vos actions ou vos décisions en matière d'argent, sans même que vous vous en rendiez compte. Cela pourra vous amener à faire de belles prises de conscience à savoir si cette croyance est bien la vôtre ou si elle vous a été transmise dans l'enfance ou par les valeurs de quelqu'un d'autre.

Quand on aime, on ne compte pas

Imaginons que les deux partenaires d'un couple ont cette croyance selon laquelle on ne compte pas quand on aime. Il existe alors un danger réel qu'ils finissent par manquer d'argent, surtout si les deux tourtereaux ont des goûts dispendieux ! Cependant, si un des deux a cette croyance et que l'autre au contraire considère fermement que l'argent est une ressource limitée qui ne pousse pas dans les arbres, il y a fort à parier que des discussions houleuses surviendront lorsque le premier fera ou voudra faire une dépense pour prouver son amour à l'autre.

Les gens riches sont des escrocs

La personne qui a cette croyance fera tout pour éviter la prospérité financière. Elle risquerait ainsi de mettre de côté les occasions d'enrichissement qui pourraient se présenter. Si l'autre personne du couple croit plutôt que « Plus on est riche, plus on peut aider les autres, plus on est une bonne personne », les croyances des deux seront en opposition.

L'argent ne fait pas le bonheur

Si les deux membres d'un couple ont cette croyance, il est évident qu'ils ne feront pas de l'argent leur priorité. En revanche, s'ils entretiennent la valeur de performance ou de succès qui les amène à bien réussir dans la vie, ils pourront vivre à l'aise financièrement tout en ayant en tête que leur bonheur ne dépend pas de l'argent. Cela dit, si l'un des partenaires croit également que les gens riches sont des escrocs, il aura sans doute tendance à s'éloigner des occasions financières et à nourrir sa valeur de succès dans des projets qui rapporteront peu.

Je suis né pour un petit pain

La personne qui croit cet adage a généralement tendance à penser qu'elle ne mérite pas d'avoir de l'argent. Cette croyance provient souvent de l'éducation et du contexte social dont elle est issue. Si les deux membres d'un couple entretiennent cette même croyance, il est logique de penser que le couple ne sera jamais prospère. Cela dit, si l'un des deux partenaires croit qu'il a les capacités d'apprendre et d'améliorer ses compétences pour gagner de l'argent, alors les chances qu'ils deviennent plus à l'aise financièrement seront évidemment plus élevées.

La vie est courte, il faut en profiter

Cette croyance peut amener une personne à ne pas se soucier d'épargner et à dépenser sans compter. Comme la vie est courte, elle croit qu'il y a une urgence de vivre et de s'offrir tout ce qu'elle désire. Si les deux membres du couple entretiennent cette croyance, ils risquent de connaître des difficultés financières, à moins de tout de même savoir gérer leur budget. Évidemment, si le membre du couple plus frugal a plutôt la croyance qu'il faut épargner pour avoir une retraite agréable, il devient évident que des discussions parfois animées viendront mettre du piquant dans leur quotidien.

L'argent est une affaire d'hommes

Bien que cette croyance ait tendance à être moins courante aujourd'hui, plusieurs femmes pensent encore ainsi. On peut voir cela dans des couples traditionnels où le mari touche un meilleur salaire que son épouse. Ces femmes sont portées à donner tout le pouvoir à leur conjoint, et même à refuser toute discussion sur le sujet. Évidemment, si le mari en question possède les connaissances, l'honnêteté et l'intégrité requises, il n'y a pas de problème, mais ce n'est pas toujours le cas. Cependant, qu'arrive-t-il si l'homme d'un tel couple entretient des croyances qui l'entraînent soit à trop dépenser, soit à bloquer toute dépense? Encore une fois, des discussions houleuses peuvent s'ensuivre. Heureusement, c'est un modèle qui tend à disparaître.

Les peurs cachées derrière certaines croyances

Comme mentionné précédemment, les croyances proviennent souvent du milieu de vie dans lequel les gens grandissent. Or, certains pourraient avoir développé des peurs. Prenons l'exemple d'une personne ayant vécu dans une famille où l'argent était la cause de disputes, de déchirements ou même de violence.

Celle-ci pourrait avoir développé une peur profonde de ressembler à ses parents et, en conséquence, elle pourrait être encline à éviter le sujet de l'argent à tout prix dans son couple.

Dans une autre famille où l'argent était un sujet de discorde, un divorce est survenu dans le passé et les parents ont ensuite vécu chacun de leur côté en ayant peu de moyens financiers. L'enfant issu d'un tel couple pourrait avoir développé une peur de devenir pauvre, une crainte qui resterait présente même quand il sera adulte, et c'est ainsi qu'il ferait tout pour éviter de répéter l'histoire parentale.

Il arrive que nos peurs ne soient pas liées à notre histoire familiale, mais à ce que nous anticipons ou à nos perceptions. Si, dans un couple, l'un des deux dépense trop, cela peut générer des craintes chez l'autre, provoquer de l'anxiété par rapport au futur et l'entraîner vers une épargne maniaque.

Par ailleurs, les peurs peuvent aussi être en lien avec notre personnalité. Par exemple, un partenaire priorise la sécurité d'un investissement immobilier (personnalité recherchant la sécurité) alors que l'autre adore le risque que représentent les placements boursiers (personnalité préférant les risques).

Plusieurs couples évitent d'aborder le sujet de l'argent parce qu'ils craignent de susciter un désaccord et d'engendrer une chicane. D'où vient cette peur? Évidemment, elle trouve sa source dans le fait qu'un des deux sait que l'autre partenaire n'a pas la même opinion, les mêmes croyances ou les mêmes valeurs que lui sur ce sujet. Certaines personnes préfèrent éviter toute discussion pouvant être, à leurs yeux, source de conflit, car elles valorisent l'harmonie à tout prix.

Nos peurs sont très souvent inconscientes, et c'est à force de discuter avec notre partenaire de vie que nous pouvons les identifier et mieux comprendre ce qui nous motive face à l'argent. Est-ce que j'achète une Mercedes parce que j'aime son confort et sa tenue de route ou parce que j'anticipe l'opinion des autres si je me promène dans une auto ordinaire et d'occasion ? Est-ce que je porte des vêtements signés pour lesquels j'ai déboursé des sommes exagérées pour leur beauté ou pour bien paraître ?

Il faut aussi garder en tête que les croyances sont aussi souvent liées à l'ego (nous le verrons au chapitre 7). Et dans un couple, deux ego se rencontrent nécessairement ! Il faut donc composer avec l'ego, les croyances, les valeurs et les peurs de chacun, sans parler des blessures profondes. De là l'importance de s'aimer pour arriver à une belle harmonie dans le couple lorsqu'il est question d'argent.

EXERCICE – J'EXPLORE LES DESSOUS D'UNE DE MES CROYANCES

Nommez une croyance que vous entretenez et posez-vous les questions suivantes :

- Est-ce que cette croyance m'appartient vraiment ou provient-elle de mon éducation ou d'une personne que j'aime ou qui m'a inspiré ?
- Cette croyance s'appuie-t-elle sur une de mes valeurs ?
- Modifier cette croyance aurait-il du sens pour moi ? Par exemple, si je traîne depuis longtemps la croyance que « Je vais manquer d'argent », puis-je arriver à croire que « Je suis né pour l'abondance » ?
- Est-ce que me libérer de cette croyance génère des peurs en moi ? Par exemple, croire que « Je suis né pour l'abondance » peut-il entraîner un impact négatif ou une peur que les autres me jugent ?

EXERCICE – À DEUX, NOUS EXPLORONS NOS CROYANCES

Je vous suggère de refaire l'exercice qui précède, mais, cette fois, en couple. Chacun pourra ainsi soulever ce qui l'interpelle. Prêtez attention au choix des mots que vous utilisez. Vous pourrez peut-être même revoir ensemble certaines croyances que l'un de vous entretient. Il est aussi essentiel de comprendre en quoi une croyance est importante pour l'autre, car c'est un bon moment pour remettre en question des croyances qui ne sont plus adaptées. Il est à noter que cet exercice va aussi soulever des croyances sur votre perception de ce que doit être un couple, ou même sur votre gestion financière à deux. Par exemple, l'un pourrait penser que chacun doit gérer ses propres dépenses, tandis que l'autre considère qu'un couple devrait tout mettre en commun.

Peut-on changer une croyance limitante par une croyance aidante ?

La réponse est oui. Cependant, cela demande un grand travail. Il existe plusieurs techniques pour éliminer ou modifier une croyance limitante, mais on peut y arriver en suivant les étapes suivantes :

1. *Repérez une croyance limitante que vous avez, et son origine.* Pour ce faire, lorsqu'une situation de mésentente se présente ou que vous avez une dispute sur un sujet quelconque, il s'agit de vous demander quelle est la croyance qui se trouve derrière vos arguments. Au début, il faut faire une bonne introspection. De plus, vous pourrez certainement remarquer que cette croyance est souvent associée à des besoins qui vous semblent non négociables. Par exemple, Thomas ressent un grand besoin de sécurité et refuse de payer quoi que ce soit à

crédit; il ignore pourquoi c'est si important pour lui. Sa réflexion le mène à se questionner sur l'origine de ce grand besoin de sécurité et de sa croyance qu'« Il ne faut jamais recourir au crédit ». Il se souvient que ses grands-parents lui ont raconté que leurs fins de mois étaient parfois très difficiles à cause de dettes qu'ils avaient contractées. C'est ainsi que Thomas a développé au cours de son enfance la croyance qu'il ne faut jamais acheter à crédit. Ainsi, si sa douce moitié est portée à agir de cette façon, cela risque de faire remonter ses insécurités à la surface. Et vous, pouvez-vous nommer une de vos croyances limitantes et son origine?

2. *Identifiez le coût associé à cette croyance.* Quels seront les impacts négatifs que Thomas devra subir s'il conserve cette croyance? Par exemple, il refusera d'acheter une maison, limitant ainsi le rêve de son couple de bâtir un foyer idéal où élever leurs enfants à tous les deux. Et, en ce qui vous concerne, si vous gardez la croyance X, qu'adviendra-t-il? Il s'agit d'imaginer ce qui pourrait se passer dans trois mois, six mois, un an, cinq ans, dix ans, etc., puis jusqu'à la toute fin de votre vie si vous continuez d'entretenir cette croyance. Identifiez les impacts négatifs que cela pourrait entraîner sur vous, votre famille, votre couple, vos enfants, votre carrière, etc., et ressentez les émotions que cette perspective suscite.

3. *Identifiez les bénéfices associés à un changement de croyance.* Quels seront les bénéfices que vous retirerez si vous abandonnez cette croyance limitante pour en adopter une qui est aidante? Posez-vous les mêmes questions au sujet de ce qui pourrait survenir et des impacts sur les gens de votre entourage, mais cette fois-ci si vous entretenez une croyance positive. Il est important

que vous ressentiez l'émotion, le bien-être et le bonheur à l'idée d'adopter une vision plus avantageuse. Ancrez ce sentiment en vous en y associant un mot, un geste, une image. Par exemple, si Thomas troquait sa croyance qu'il ne faut rien acheter à crédit contre une croyance positive, disons: « L'achat à crédit peut être profitable pour réaliser notre rêve d'acheter une maison », il pourrait visualiser sa future maison (le quartier, le bâtiment, le jardin, les pièces), et voir son couple à l'intérieur. Il pourrait peu à peu modifier sa vision et associer la perspective du crédit à des mots comme bonheur, abondance, etc.

4. *Créez-vous une croyance aidante.* Même si vous ne désirez pas abandonner votre croyance, car vous ne la ressentez pas comme si limitante (vous lui trouvez certains bénéfices), vous pouvez quand même en créer une nouvelle qui est davantage aidante et qui vous propulsera vers le meilleur. Choisissez une croyance qui vous entraîne vers le but que vous voulez atteindre. Par exemple, Thomas pourrait conserver sa croyance qu'il est préférable de ne pas recourir au crédit, tout en s'en créant une nouvelle, à savoir que pour pouvoir procéder à l'achat d'une maison, il fera une exception. Cette nouvelle croyance ne doit pas nécessairement être à l'opposé de la croyance limitante que vous avez modifiée, mais elle doit être positive et aidante. Posez-vous les mêmes questions au sujet de l'effet positif qui se produira dans votre vie et dans celle de vos proches. Ressentez l'émotion, le bien-être et le bonheur que cette nouvelle croyance apportera dans votre vie et ancrez cet état en y associant un mot, un geste, une image.

Évidemment, ce qui précède n'est pas une recette miracle et, dans certains cas, l'aide d'un professionnel pourrait grandement vous aider à maximiser un changement de croyance et à accélérer les résultats positifs de sa concrétisation. Parfois, il s'agit simplement d'effectuer un bon recadrage. Cela nous conscientise et nous rend plus vigoureux. Par exemple, si vous-même avez la croyance que le crédit est nécessairement mauvais, pensez à des gens qui ont acheté un bien onéreux à crédit et qui l'ont remboursé dans les temps prévus. Ou encore, pensez à des gens qui, grâce aux points qu'ils ont obtenus avec leur carte de crédit, ont pu s'offrir un long week-end dans une ville pas trop lointaine, dans un très joli hôtel. Vous pourriez même leur en parler pour qu'ils vous donnent des trucs et pour changer votre croyance du même coup.

Maintenant que nous avons vu que nos croyances et nos valeurs ont un impact très important sur notre vie, je vous invite, dans le prochain chapitre, à comprendre un peu mieux cet être humain que vous êtes, qui, à la base, peut sembler complexe, mais qui, en réalité, est surtout gouverné par ses émotions. Nous avons besoin d'un temps d'arrêt pour prendre conscience de nos émotions, pour ressentir ce qui se vit en nous. Nous verrons aussi à quel point l'argent (et surtout les problèmes éventuels qu'il peut créer) est un amplificateur d'émotions.

CHAPITRE 3

L'ARGENT, C'EST (ENCORE) TABOU, ET C'EST ÉMOTIF !

Le plus beau sentiment du monde, c'est le sens du mystère.
Celui qui n'a jamais connu cette émotion,
ses yeux sont fermés.

Albert Einstein

Étonnamment, bien que l'argent soit encore un sujet tabou dans notre quotidien, nous utilisons toutes sortes d'expressions qui y font référence : « rendre la monnaie de sa pièce », « rendre des comptes », « faire le bilan d'une relation », « gérer ses émotions », etc. En couple, on entend souvent « mon trésor », « on peut s'enrichir personnellement en travaillant sur soi », etc. Nous constatons donc que le vocabulaire lié à l'argent nous aide à exprimer une large gamme de sentiments.

Oui, on peut parler d'argent, mais comment règle-t-on les questions d'argent ? Pourquoi l'argent reste-t-il un sujet tabou pour bien des gens ? Parce que parler d'argent équivaut à révéler ses croyances, ses valeurs, ses besoins, bref, tout ce qui est à la base des émotions qu'une personne peut éprouver. Ce sont là des sujets sensibles sur lesquels il n'est pas facile de s'exprimer. Et pourtant, il est essentiel d'y parvenir. Autrement, particulièrement en couple, les non-dits et la non-écoute peuvent avoir des incidences malheureuses, l'argent devenant le véhicule tangible pour évacuer les rancœurs qui cachent des besoins non exprimés.

Les tabous d'aujourd'hui

Quand j'étudiais à l'Université de Sherbrooke en psychologie, je me souviens que, pendant un cours qui portait sur la profession de consultant, une professeure nous avait annoncé : « Bon, nous allons maintenant parler vulgairement et aborder la question des honoraires professionnels que vous pourrez facturer. » Gagner de l'argent était donc aussi tabou sur les bancs universitaires. Je suis tombée des nues !

Qu'en est-il des discussions concernant l'argent au sein des couples ? Certains abordent le sujet seulement quand ils font face à de grands changements, par exemple, pour planifier l'achat d'une maison, à la naissance d'un enfant ou au moment de la retraite. Pourtant, il serait tellement payant (passez-moi l'expression) d'aborder les questions d'argent comme tant d'autres sujets du quotidien. Il est également utile de prévoir le partage des dépenses dès les débuts de la vie à deux, puis de le revoir et de le préciser régulièrement, car plusieurs événements au cours d'une vie de couple surviendront nécessairement et nécessiteront de modifier la façon de dépenser. On peut penser à une augmentation de salaire pour un des conjoints, ou encore à une perte d'emploi, à une maladie, à un gain ou à une perte imprévus, etc.

Le sujet du partage des dépenses au quotidien semble être encore peu discuté ou ne pas être abordé en profondeur quand on considère tous les aspects de la vie des membres d'un couple. On oublie de s'attarder à toutes sortes d'éléments : le salaire de chacun, les dépenses personnelles, le statut familial qui a précédé l'union actuelle (dans le cas d'une famille recomposée, par exemple), les charges financières à maintenir, etc.

Une nouvelle union peut également avoir des impacts sur un des deux membres du couple, et il faut en tenir compte dans le partage des dépenses. Pensons qu'un nouveau conjoint peut perdre ses allocations familiales si son nouvel amoureux touche un revenu élevé. On oublie ainsi trop souvent de discuter du partage des dépenses dans les cas d'une perte de revenu liée au statut précédent.

Un sondage CROP réalisé pour la Chambre de la sécurité financière (CSF) en 2022[3], intitulé *L'amour et l'argent*, révélait de grandes différences entre conjoints et soulevait que les hommes et les femmes sont loin de l'égalité financière. La majorité des femmes en couple déclaraient des revenus moins élevés que leur conjoint de sexe masculin. Cet écart peut avoir une importance quand vient le temps de partager les dépenses du couple et de la famille. Les résultats démontrent que 70 % des couples mettent leurs revenus en commun lorsque les partenaires gagnent le même salaire, mais comment le partage se fait-il quand les conjoints ne touchent pas un salaire équivalent ? La question est-elle abordée franchement et ouvertement ?

Ce sondage a mis en lumière que la méthode de répartition des dépenses la plus courante est la mise en commun des revenus (57 %). Certains couples ne mettent pas leurs revenus en commun, mais se répartissent les dépenses (30 %), soit par un partage de celles-ci à parts égales ou par un partage des dépenses proportionnellement aux revenus de chacun.

Or, fait intéressant à considérer, la répartition proportionnelle des dépenses entraîne tout de même une inégalité dans le couple et l'obligation pour la personne ayant un revenu moins élevé d'assumer des dépenses qui peuvent être au-dessus de ses moyens. Voici comment les choses se passent. Celui qui gagne le plus au sein du couple peut faire des choix plus onéreux, qu'il s'agisse de voyages, de soupers au restaurant, etc. Donc, si le partage des dépenses est établi à parts égales, le coût d'un voyage sera en fin de compte plus élevé pour celui qui a un moindre revenu annuel. Ce dernier aurait probablement choisi un forfait voyage à 2500$ plutôt qu'un autre à 5000$. Il aurait donc déboursé 1250$ au lieu de 2500$. En somme, la personne qui a le revenu le moins élevé au sein du couple reste perdante dans ce type de partage des dépenses. Une approche plus équitable consisterait à répartir le coût du voyage proportionnellement aux revenus de chacun ou mieux encore, en fonction du pourcentage des revenus excédentaires de chaque partenaire, une fois les dépenses courantes et les obligations de chacun, convenues au préalable entre eux, déduites.

Selon ce même sondage CROP, il semblerait que les temps changent chez les nouvelles générations, qui se sentent plus libres de parler d'argent. Il n'en demeure pas moins que malgré tout, certains éléments restent encore intouchables. Ainsi, bien des couples éviteraient de discuter de leur plan financier en cas de rupture et certains économiseraient sans en parler à leur douce moitié. Pourquoi? En raison de la gêne? D'une certaine prévoyance? Quelle que soit la raison qui motive ces personnes à garder des informations secrètes, l'argent dans le couple n'est pas encore toujours aujourd'hui un sujet ouvert à la discussion sous tous les aspects. Il ne semble peut-être pas romantique de parler de rupture au début d'une relation ou même au cours de celle-ci, toutefois, comme dit ma sœur : « Mieux vaut tout prévoir quand nous sommes Pitou et Minou que quand nous devenons chien et chat. »

Je crois qu'il vaut vraiment la peine de parler d'argent dès les débuts d'une relation afin de savoir si les perceptions, les valeurs et les croyances de chacun correspondent à celles de l'autre et si elles peuvent s'accorder. Toutefois, il est vrai que ce n'est pas sexy non plus, lors d'un premier rendez-vous galant, de demander à la personne qu'on rencontre comment elle gère ses finances et si elle est criblée de dettes ou non. Imaginez les paroles suivantes au cours d'un premier rendez-vous : « Bon, le courant passe entre nous, mais tu gagnes combien par année ? Car moi, je suis à l'aise financièrement, mais je n'ai pas envie de te faire vivre. » Ouf! C'est vrai que ce n'est pas l'intervention la plus romantique, mais il serait pourtant fort pertinent de disposer de ce type d'informations dès le départ ou, du moins, au cours des premiers mois de fréquentations.

J'ai moi-même connu un type de situation similaire. Un jour, un homme s'est adressé à moi dans un bar et m'a montré au cours de la soirée des photos de lui sur lesquelles on le voyait entouré de ses possessions (maison, motomarine, bateau, motoneige, etc.). Puis il a fini par me demander s'il m'intéressait. Ce n'était pas non plus très sexy, et encore moins pour la psychologue que je suis. Je me suis alors questionnée sur le fond de la personnalité de cet homme de prime abord charmant.

Certaines personnes se définissent par ce qu'elles possèdent, d'autres, moins. Cependant, si deux partenaires souhaitent bâtir une relation solide à long terme, chacun devra laisser voir ses traits de personnalité, notamment en matière de finances, afin que tous deux soient forts tant sur le plan individuel qu'en couple lorsque viendront les coups durs et les épreuves à surmonter.

Un sujet tabou et qui génère de la honte : les dettes

Selon le plus récent indice d'accessibilité financière conçu par le cabinet de services-conseils BDO[4], il semble que 56 % des Canadiens ont de la difficulté à parler de leurs problèmes financiers. Et lorsqu'il est question d'endettement, la proportion grimpe à plus de 85 %. Il serait donc tabou de dévoiler son niveau d'endettement. Il apparaît également, dans cette même étude, que les jeunes ont encore plus de mal à en parler. Pour certains, l'explication réside dans le manque de connaissances en finances personnelles. Mais selon Annick Kwetcheu Gamo, présidente de Code F., un organisme dont le mandat est de démystifier les finances personnelles, c'est beaucoup plus complexe qu'un manque de connaissances. En effet, s'il ne s'agissait que de cet aspect, avec toutes les ressources disponibles, les gens apprendraient. Elle explique plutôt que la littératie financière comporte trois aspects : les connaissances, les compétences et la conscience de soi.

Ce serait la peur du jugement des autres qui priverait bien des gens de s'exprimer à ce sujet. Il faut également considérer le stress impliqué dans une telle situation. Or, les dettes sont le résultat de notre relation à l'argent. On peut, par exemple, tout vouloir, souhaiter tout posséder, sans attendre, parce qu'on ne nous a pas enseigné la patience et l'économie. Le fait que l'accès au crédit soit facile peut également nous entraîner sur une pente glissante. Et il faut aussi garder en tête que divers événements de la vie dont nous ne sommes pas toujours responsables peuvent survenir et affecter notre portefeuille ! Si les dettes ne nous définissent pas comme individu, elles nous font toutefois vivre plusieurs émotions, en particulier la honte, et nous pensons – parfois à tort – que les autres vont nous juger si nous connaissons des difficultés d'ordre financier. Tout cela contribue à une fermeture ou à un repli sur soi qui n'ouvre pas la porte à des solutions, qui se révèlent souvent moins douloureuses que l'on pense.

Toutefois, la famille (souvent les parents) et le conjoint restent des personnes vers lesquelles il est utile de se tourner éventuellement quand on se retrouve endetté. Ce qu'il convient de retenir, c'est qu'il est capital d'en parler lorsqu'on fait face à des problèmes financiers. En s'ouvrant à des gens en qui l'on a confiance, on peut acquérir certaines connaissances et se libérer du poids de son secret, afin d'arriver à mettre fin au tabou.

Pour nous relier à cette essence de soi et arriver à nous ouvrir aux autres dans les moments difficiles, il faut avant tout nous connecter à l'être humain que nous sommes, et donc à nos émotions. Quels rôles jouent-elles ?

Les émotions

Abordons la question des émotions liées à l'argent, qui ont un impact certain sur notre humeur et sur nos relations. À la base, l'être humain est émotif, et ses émotions sont des indicateurs de ses besoins. Par exemple, je peux devenir irritable (émotion liée à la colère) quand je ressens que je ne peux faire telle dépense ou m'offrir tel extra, ou quand je dois limiter certains achats dont j'aurais bien envie. Dans ce cas, l'émotion de la colère exprime mon souhait d'avoir un meilleur revenu ou d'échanger avec mon conjoint pour que l'on établisse ensemble des priorités au sujet des dépenses ou des revenus.

Tentons maintenant d'imaginer qu'il existe dans notre cerveau un tableau de bord, comme celui des autos. Sur le tableau de bord de ma voiture, un témoin lumineux « essence » s'allume lorsque je dois faire le plein. De même, sur celui de mon cerveau, un témoin apparaît qui m'indique que j'ai envie d'acquérir tel objet ou de faire telle dépense et, si je suis du type spontané, il est probable que je me fâcherai si je ne peux me procurer tout de suite ce que je désire. Je peux également devenir irritable parce que je n'ai pas pu payer le solde de ma carte de crédit.

Un besoin simple est relativement facile à percevoir et à combler (Je n'ai pas mangé ce midi, alors je mange vers 14 h), mais que se passe-t-il lorsque plusieurs témoins s'allument au même moment ? Ou lorsque je n'ai pas de solutions pour éteindre le témoin lumineux ? Comment reconnaître ce que les différents voyants indiquent, et les nommer ? Puis les combler, si cela est possible ?

En couple, qu'en est-il lorsque deux partenaires perçoivent – chacun sur le tableau de bord de son cerveau – des témoins lumineux différents ? Ou des témoins identiques, ou semblables ? Ressentent-ils une même émotion qui indique des besoins différents ou les mêmes besoins ? La seule action qui puisse ouvrir la porte à une solution : parler ouvertement de ce qu'on ressent, qu'il soit question d'argent ou non.

Quand on ne réussit pas à combler un besoin, l'émotion associée continue de s'amplifier. Ainsi, je peux devenir très irritable parce que j'ai faim, tout en demeurant incapable d'établir un lien entre ma mauvaise humeur et mon appétit. Je pourrais donc transposer cette émotion sur les enfants, sur mon conjoint, sur un collègue, et c'est alors qu'ils me taperont sur les nerfs, tout cela à cause du besoin de me nourrir que je n'ai pas reconnu. Idem pour un solde de carte de crédit trop élevé !

Par ailleurs, il peut être parfois difficile de nommer son ressenti (ou émotion) et, par le fait même, d'identifier le besoin qu'il sous-tend. Ainsi, je pourrais penser, pendant une dispute avec mon conjoint : « Je vais le faire payer », alors que ma colère exprime tout simplement mon besoin qu'il me donne plus d'attention et qu'il s'engage vraiment envers moi ; en fait, dans ce cas, l'émotion est exagérée.

Il peut être parfois tentant de prendre le raccourci de l'argent au lieu d'exprimer ses véritables émotions et besoins. Prenons l'exemple d'un conjoint qui a l'impression de s'investir davantage que l'autre dans le couple et qui, au lieu d'exprimer son insatisfaction (émotion de tristesse ou de colère) et son besoin de réciprocité, ferait part de son insatisfaction (ou même de sa souffrance) en exigeant de son conjoint qu'il assume une plus grande part des dépenses du couple, ou en lui demandant de lui offrir un voyage, tout cela pour compenser ses émotions et ses besoins non exprimés. Eh oui, cela arrive !

Maintenant, tentons de comprendre nos émotions et d'arriver à nommer ce qu'elles sous-tendent comme besoins.

L'apport de Paul Ekman dans la reconnaissance des émotions

Pour le psychologue américain Paul Ekman, « Une émotion est une réaction affective passagère d'intensité plus ou moins forte, qui survient en réaction à un événement déclencheur. » Dans les années 1970, cet éminent spécialiste a étudié les émotions dans leur relation avec les expressions faciales et observé que les émotions de base sont au nombre de six, soit la joie, la colère, la peur, la tristesse, la surprise et le dégoût, et qu'elles ne sont pas liées à la culture, donc qu'elles sont exprimées ou perçues de la même façon, qu'on se trouve en Europe, au Gabon ou au Canada[5]. Sa théorie est encore aujourd'hui reconnue par la communauté scientifique.

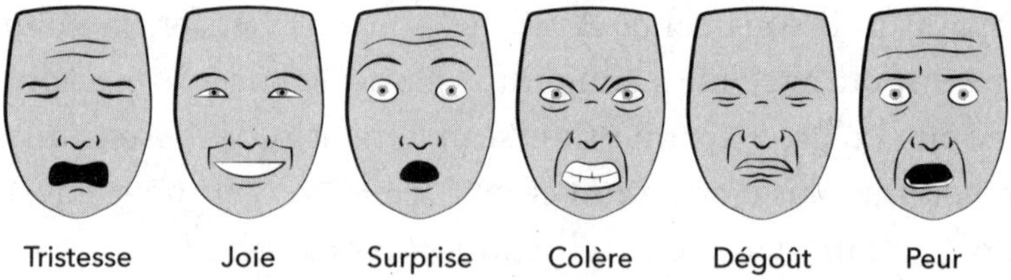

Plusieurs événements peuvent déclencher des émotions. Il est donc important de les accueillir en toute bienveillance, car elles sont un indicateur de ce qui se passe à l'intérieur de soi. En prendre conscience permet de faire un pas de recul, de considérer cette émotion et le besoin qui y est associé. Cependant, si l'on reste dans le tourbillon du quotidien, de la performance et du stress, cette connexion devient très difficile à effectuer.

Alors imaginez un couple, deux personnes, deux boules d'émotions. Si aucun des deux ne se connecte à lui-même, il sera assurément difficile que le couple soit vraiment uni. Marc, conjoint d'Isabelle, rêve depuis plusieurs années de faire une croisière, une escapade romantique. Il est rempli de joie juste à imaginer ce merveilleux voyage avec sa conjointe. Son désir et cette joie qu'il ressent sont fort probablement liés à un besoin qu'il a, un désir d'intimité et de retrouvaille avec sa douce moitié, mais, au lieu d'en parler avec Isabelle et de lui faire part de son idée, sa petite voix intérieure lui souffle à l'oreille que cela coûte trop cher! Il ignore alors son besoin de vivre plus d'intimité avec son amoureuse en taisant son rêve. Tôt ou tard, ce silence va ressortir dans sa vie de couple : irritabilité, éloignement ou même problèmes de santé.

Un événement, aussi banal soit-il, peut alors devenir source de conflit, car il tire son origine des frustrations ou des besoins non comblés qui n'ont pas été nommés. C'est ce qui explique que le pot de confiture laissé sur le comptoir par notre douce moitié puisse déclencher une scène. Alors imaginez quand c'est l'argent qui est en jeu, surtout dans un contexte où il est encore un sujet tabou dans le couple.

Il est donc important de reconnaître nos besoins. Avez-vous remarqué que lorsque Marc rêve de faire une croisière pour répondre à un besoin d'intimité, il oppose tout de suite un MAIS à son désir : il décide de ne pas en parler à sa conjointe, car il considère que ce genre d'escapade coûte cher. L'être humain peut avoir une facilité à banaliser ses rêves ou à créer lui-même ses propres objections. Marc pense que son besoin est de faire une croisière de rêve, mais en réalité, il est différent : son besoin est de se rapprocher de sa conjointe.

Avant de se créer ses propres objections et de se taire, il aurait pu mentionner à Isabelle : « J'ai imaginé qu'on faisait une croisière de rêve ensemble et cela m'a rempli de joie » ou « J'aimerais qu'on se retrouve en couple. Est-ce qu'on peut se pencher sur nos comptes et voir si on a les moyens de prendre des vacances, peut-être de s'offrir une croisière de rêve ? »

Peu importe la façon d'exprimer vos désirs, voyez quels sont vos besoins sous-jacents, et les moyens suivront. Vous pourrez les ajuster ensemble pour qu'ils conviennent à votre réalité financière. Au lieu d'une croisière de rêve, Isabelle et Marc pourraient opter pour un autre type d'escapade romantique, moins onéreux, mais qui serait tout aussi magique.

En discutant avec votre partenaire de vie d'un rêve que vous avez, vous trouverez différentes options pour combler un besoin qui respecte votre budget commun. Peut-être même que vous aurez suffisamment d'argent pour vous offrir ce rêve de croisière. Qui sait? En abordant ensemble le sujet de vos émotions respectives, vous verrez les besoins que vous aimeriez combler. C'est de cette façon que vous trouverez votre solution, qui pourrait même se transformer en un projet de couple.

EXERCICE – DERRIÈRE UNE ÉMOTION SE CACHE UN BESOIN

Repensez à un moment où vous avez ressenti une émotion forte, soit un inconfort ou un moment de joie. Par la suite, prenez le temps de nommer le besoin qui se trouvait derrière l'émotion que vous avez ressentie.

Nos émotions sont saines

À propos de la colère, j'aimerais ici vous rappeler que cette émotion n'est pas synonyme de violence. Souvent, nous la percevons comme inappropriée, ou socialement inacceptable. C'est pourtant une émotion qui a une valeur réparatrice pour rétablir notre intégrité ou fixer nos limites. Ainsi, la colère devrait pouvoir être nommée, comme les autres émotions, selon notre ressenti ou notre besoin d'écoute, de compréhension, de changement, etc. Tout est dans la façon de nous exprimer.

Redisons-le: les émotions sont saines et constituent ce que nous sommes. C'est à travers elles que nous pouvons nommer nos besoins et rester alignés avec l'être humain que nous sommes. Toutefois, imaginez si on est mal à l'aise de les exprimer et qu'elles surgissent dans une conversation portant sur les finances, pour lesquelles on entretient encore des tabous. On risque de se taire, ce qui nous rattrapera tôt ou tard, mais dans une surcharge plus élevée. N'oubliez pas: «Tout ce que vous regardez en face s'efface et tout ce que vous fuyez vous suit.» Donc, au risque de déplaire, nommez ce que vous ressentez en vous-même, à partir de faits, et non de jugements.

Maintenant, imaginez que deux membres d'un couple vivent une même émotion, par exemple une insécurité financière associée à l'émotion de peur. Vivent-ils cette émotion aux mêmes moments? Avec la même intensité? Si oui, il leur faudra prendre un temps d'arrêt pour se connecter d'abord à eux-mêmes (individuellement), ensuite à l'autre, afin de nommer ce qui est ressenti et vécu. Cette intensité est propre à chacun, selon son bagage, son histoire personnelle et ses perceptions.

Vous aurez compris que c'est parfois en évitant de parler de ce que nous ressentons qu'un monde d'interprétations et de peurs prend vie. Un jour, mon fils, qui avait alors 12 ans, m'a fait part de cette réflexion, alors que nous parlions d'une de ses peurs: «Maman, dans le fond, les peurs n'ont pas de racine, elles ne font que nous empêcher d'avancer.» C'était une sage réflexion!

Il faut donc prendre conscience de nos peurs, qui sont aussi des émotions légitimes et qui reflètent parfois certaines insécurités qui nous empêchent d'aller de l'avant. Par exemple, si j'ai peur de ne pas avoir assez d'argent pour boucler ma fin de mois, ce serait utile que je parle de ma crainte à mon conjoint, et nous pourrions revoir ensemble le budget. Il est aussi possible que je craigne de ne pas pouvoir m'offrir un voyage, mais si je regardais ma peur en face, je prendrais conscience que j'ai certaines appréhensions à voyager, liées, par exemple, au fait de prendre l'avion. Grâce à cette prise de conscience, je pourrais affronter ou communiquer mes réelles peurs et travailler sur celles-ci.

Nous évitons souvent certains sujets d'inconfort par crainte du rejet, par peur de perdre l'amour de l'autre, mais c'est plutôt l'amour-propre envers nous-mêmes que nous perdons alors. Le fait de taire ce que nous ressentons transformera notre sentiment en une grosse boule de plusieurs émotions non dites et finira, tôt ou tard, par exploser, verbalement ou physiquement. Cela pourrait aussi avoir un impact sur notre santé physique. Car, pensons-y, les émotions et le corps sont intimement liés.

Quand tout devient mélangé parce que vous avez accumulé diverses émotions non dites, le chemin est beaucoup plus long afin de démêler ce que vous ressentez et de départager ce qui vous appartient de ce qui appartient à l'autre. Il est alors plus facile de montrer l'autre du doigt ou d'entrer dans un monde de reproches afin d'exprimer vos inconforts qui, en réalité, vous appartiennent.

Votre corps est un des indicateurs qui se trouvent à votre portée pour reconnaître ce que vous vivez. Lorsque vous vivez des émotions, vous pouvez ressentir une boule dans l'estomac, éprouver des difficultés de digestion, etc. Plusieurs livres traitent de ce sujet. Votre corps parle. Un autre indicateur d'un malaise ou de la non-expression de vos émotions est les comportements destructeurs. Par exemple, si vous n'arrivez pas à nommer efficacement vos émotions, vous risquez de vivre des dépendances sous plusieurs formes. Alors prenez le temps de nommer vos émotions pour avoir une vie heureuse et harmonieuse tant avec vous-même qu'avec votre partenaire de vie.

Dans un couple, il est important de ressentir cette bienveillance, cet accueil et cette confiance afin de pouvoir se sentir libre de nommer ses émotions, de mieux définir ses besoins, d'y répondre et, à l'occasion, de faire certains compromis. Par exemple, si mon besoin est de manger, car j'ai faim, en couple, nous aurons un compromis à faire si je désire savourer une pizza et que ma douce moitié souhaite préparer un repas végétarien. Dans mon exemple du chapitre 1, avant de faire l'achat de son vélo, Stéphan aurait pu en parler avec sa conjointe Céline, et ils auraient pu se pencher ensemble sur leur budget. Ainsi, ils auraient pu constater que, à long terme, cette dépense n'affecterait pas l'accès aux études privées de leur fille.

Par ailleurs, l'être humain peut aussi ressentir deux émotions contradictoires en même temps. Ouf! Dans ce cas, ça se complique. Reprenons mon exemple. Céline aurait pu ressentir de la joie à l'idée que Stéphan se remette en forme et vivre en même temps de la peur associée au coût du vélo, en songeant que celui-ci pourrait avoir des répercussions sur le paiement des études privées de leur fille. Imaginez maintenant si, en plus, Stéphan vit lui aussi deux émotions en simultané : la joie de pouvoir évacuer son stress afin d'être disponible pour sa famille et la honte en voyant la réaction de sa femme face au prix élevé du vélo. Si Stéphan ne prend pas le temps de nommer tous ces ressentis, la décharge émotionnelle sera élevée, et toutes ces contradictions se libéreront éventuellement dans une discussion qui risque d'être accusatrice ou porteuse de tension financière.

Allons maintenant voir l'effet que peut avoir le stress financier sur la santé.

CHAPITRE 4

LES EFFETS DU STRESS FINANCIER SUR LA SANTÉ

Prenez soin de votre corps. C'est le seul endroit où vous êtes obligé de vivre.

Jim Rohn

Parler d'argent ou de ses problèmes financiers n'est pas facile. En plus de générer des émotions (honte, colère, aversion à revoir son budget, etc.), cela fait aussi augmenter le niveau de stress. Le stress financier est un phénomène qui tend à être à la hausse depuis la fin de la pandémie de COVID-19. Selon l'indice d'accessibilité financière conçu par le cabinet de services-conseils BDO, en 2023, 54 % des Canadiens qui ont des dettes s'en inquiètent et vivent un certain stress. Fait important : 60 % d'entre eux ne veulent pas en parler.

Pour les jeunes en particulier, les factures quotidiennes à payer et l'endettement ont un effet sur leur état, et le stress est en augmentation. Gérard Bérubé, dans *Le Devoir*[6], rapportait les données d'un sondage commandé par Equifax Canada en novembre 2023, à savoir que :

- 36 % des jeunes adultes ont déclaré avoir manqué un paiement de facture cette année, comparativement à 23 % de l'ensemble des répondants ;
- 52 % des répondants âgés de 18 à 34 ans éprouvent de l'anxiété au sujet de leur endettement personnel, ce qui est nettement supérieur à la moyenne globale de 39 % des autres répondants ;
- 45 % des répondants s'inquiètent du remboursement de leurs dettes (prêts hypothécaires, prêts étudiants).

Les dettes augmentent clairement le stress ressenti au quotidien. Or, la boule de stress vécu grossit avec l'addition de tout nouveau stress. Imaginez l'impact que les difficultés financières peuvent avoir sur un couple : deux boules de stress en interaction !

Le stress est un mécanisme qui se déclenche dans notre cerveau quand nous percevons un danger et qui active des mécanismes de survie pour assurer la poursuite de la vie. Ces mécanismes sont la fuite, l'attaque ou l'apathie (une incapacité à réagir).

Même si, en soi, le stress n'est pas une émotion, il peut déclencher toute une série d'émotions, comme l'anxiété, la peur, la frustration ou la colère. Il peut également avoir un effet négatif sur nos émotions en les intensifiant ou en les rendant plus difficiles à contrôler. En somme, le stress peut influencer nos émotions et interagir avec elles de façon significative.

Ainsi, l'accumulation de différentes sources de stress causées par divers événements de la vie peut avoir une incidence importante sur la santé physique, psychologique et émotionnelle.

L'échelle d'évaluation du stress de Holmes et Rahe

En 1967, Thomas H. Holmes et Richard H. Rahe[7], deux psychologues américains, ont établi une échelle pondérée des événements de la vie (retraite, deuil, mariage, changement dans notre situation financière, etc.) qui ont une incidence sur le niveau de stress. Même si leur échelle ne porte pas sur le stress financier en tant que tel, il est aisé de constater que les sources de stress sont souvent liées à l'argent d'une façon ou d'une autre.

Je ne reproduirai pas ici l'échelle d'évaluation du stress d'Holmes et Rahe que vous pourrez trouver sur plusieurs sites Internet. Mais voici tout de même une liste d'événements relevés par les chercheurs comme ayant une incidence sur l'état de stress et sur les finances personnelles.

- Décès du conjoint
- Divorce
- Séparation des conjoints
- Période de prison
- Blessure corporelle ou maladie
- Mariage
- Licenciement
- Départ à la retraite
- Changement d'état de santé d'un membre de la famille

- Grossesse
- Arrivée d'un nouveau membre dans la famille
- Changement dans l'univers du travail
- Changement au niveau financier
- Changement de fonction professionnelle
- Hypothèque ou emprunt d'une valeur supérieure au salaire annuel
- Saisie sur hypothèque ou sur prêt
- Changement de responsabilité dans le travail
- Conjoint commençant ou cessant de travailler
- Début ou fin des études
- Changement dans les conditions de vie
- Changement de domicile
- Changement dans les loisirs
- Changement dans les activités sociales
- Vacances
- Infractions mineures, contraventions

EXERCICE – MON NIVEAU DE STRESS

Je vous invite à faire le test et l'addition de vos facteurs de stress selon la grille de Holmes et Rahe disponible en ligne en vous référant à la période des 12 derniers mois. Prêtez attention à ceci : les facteurs de stress relevés ont-ils une incidence directe sur votre santé financière ? Certains facteurs affectent-ils votre conjoint ? Votre couple ?

Si vous avez vécu plusieurs événements stressants, vous avez un risque très élevé de subir un changement sérieux de votre état de santé. Votre niveau de tolérance est surchargé. Cela suppose que vous avez eu à traverser une série de situations particulièrement difficiles. Il est impératif que vous preniez soin de vous.

Si vous avez vécu quelques événements stressants au cours de la dernière année, les impacts potentiels sur votre bien-être et votre santé pourraient être significatifs. Prenez du temps pour vous, prenez soin de vous et n'en rajoutez pas plus dans votre assiette. Améliorez votre hygiène de vie au quotidien (alimentation, activité physique, développement personnel, méditation, etc.) afin de mieux gérer vos émotions et votre stress.

Si vous avez vécu peu d'événements stressants au cours de la dernière année, que cela ne vous empêche pas de prendre soin de vous au quotidien !

Il est à noter que ces risques diminuent en même temps que vous prenez conscience des facteurs de stress qui ont un impact sur votre vie. Prenez donc les moyens pour traverser certaines situations difficiles. N'hésitez pas à vous faire aider au besoin.

Les effets du stress sur la santé mentale

Le lien entre le stress et la santé mentale est très fort. Ainsi, un niveau élevé de stress prolongé peut avoir des effets néfastes sur la santé mentale. Il peut contribuer au développement de problèmes tels que l'anxiété, la dépression, les troubles de l'humeur et même des problèmes plus graves, comme un trouble de stress post-traumatique (TSPT).

Le stress chronique peut affecter la façon de penser, de ressentir et d'agir au quotidien. Il peut perturber notre capacité à gérer nos émotions, à prendre des décisions et à maintenir des relations saines. De plus, le stress prolongé peut affaiblir le système immunitaire et augmenter le risque de développer des problèmes de santé physique, tels que les maladies cardiovasculaires, les troubles gastro-intestinaux et d'autres problèmes médicaux.

Il est crucial de gérer le stress pour préserver sa santé mentale. Des stratégies telles que la méditation, la pratique régulière d'exercice physique, une alimentation équilibrée, des techniques de relaxation et la recherche de soutien social peuvent aider à réduire le niveau de stress et à protéger la santé mentale.

Je vous invite à évaluer votre santé mentale en visitant le site Web de l'Association canadienne pour la santé mentale[8]. On y propose une évaluation qui, bien qu'elle ne se substitue pas au médecin, pourra vous donner des renseignements généraux afin de vous guider dans la mise de l'avant des éléments gagnants pour une vie en santé, tels que votre capacité à aimer la vie, votre résilience, votre équilibre, votre accomplissement personnel et votre souplesse. Pourquoi ne pas aussi en faire un exercice de couple afin d'échanger sur les éléments soulevés et trouver des moyens pour vous aider individuellement et ensemble ?

Apprendre à mieux gérer son stress et ses émotions

Toutes les sources de stress, qu'elles soient positives ou négatives, ont une incidence sur le bien-être physique et psychologique. Dans un état de stress, il est difficile de nous connecter à nos émotions, car nous sommes en mode de survie ou d'adaptation. Donc, imaginez l'impact qu'un stress important peut avoir sur nous, mais aussi sur notre couple. Un transfert de boule de stress ne fait que se propager, comme un virus, au détriment de la relation et du bien-être de chacun.

Il est à noter que le stress peut être bénéfique lorsqu'il nous amène à prendre conscience de ce que nous vivons et à percevoir qu'il est nécessaire de prendre un temps d'arrêt afin de voir comment agir. Par exemple, si je me trouve face à un ours, je suis bien contente que mon cerveau enregistre (très rapidement) un stress lié à mon émotion de peur afin de me pousser à agir. Évidemment, ici, je ne prendrai pas un temps d'arrêt trop long pour analyser le danger, du moins, je l'espère !

Le stress peut également nous entraîner dans une saine performance. Par exemple, lorsque je m'apprête à donner une conférence, je suis toujours stressée. Mon émotion est la peur, qui sous-tend mon inquiétude de savoir si les participants apprécieront ce que je leur communiquerai et si ma prestation leur plaira. Ainsi, mon stress peut être bénéfique lorsqu'il me permet de bien performer.

Il est donc important d'identifier ses sources de stress, de s'en occuper et de consulter un coach ou un psychologue pour se donner la possibilité de se calmer quand on voit que c'est nécessaire. C'est le cas, par exemple, lorsque le stress dure dans le temps et qu'on ne voit pas de calme poindre à l'horizon.

Par ailleurs, quelques gestes quotidiens peuvent grandement diminuer votre niveau de stress et vous permettre de vous recentrer afin de vous reconnecter à vos émotions, et donc à vos besoins. Adopter une saine alimentation, prendre du temps pour soi, se connecter à la nature, avoir une vie active, développer de bonnes habitudes de sommeil, tout cela aide grandement à relâcher la pression. Ces actions feront en sorte que votre cerveau sécrétera de l'ocytocine, l'hormone du bonheur, et c'est ainsi que vous atteindrez un état de sérénité pour vous accueillir et accueillir l'autre.

Revenons à nos moutons. Quand vous souhaitez aborder le sujet des finances en couple, je vous conseille d'aller ensemble vous promener en montagne ou dans les bois avant d'amorcer la conversation. Je vous suggère même d'aborder le sujet seulement une fois que vous serez tout en haut de la montagne ! Je blague à peine. La nature apporte une prédominance en ions négatifs. Nous charger de ces ions lorsque nous respirons est très bénéfique pour notre santé. En effet, cela améliore notre état psychique et le fonctionnement général de notre organisme. Ainsi, si un sujet vous semble délicat, prenez un moment pour réfléchir ensemble au contexte le plus favorable dans lequel vous et votre conjoint serez en état d'ouverture pour en discuter.

Autre conseil : n'attendez pas qu'une situation génère trop de stress, n'anticipez pas le pire dans votre coin et sans vous en ouvrir à votre conjoint, et ne demeurez pas dans un état de sidération. Si vous rencontrez des difficultés financières, il est aussi judicieux de recueillir les conseils d'un comptable, d'un planificateur financier ou d'un syndic de faillite. Souvent, les gens attendent et souffrent en silence ; ils ne parlent à personne de leur problème, en espérant que tout se résoudra comme par magie. Nous reparlerons de cette inaction dans le prochain chapitre, qui porte sur la finance comportementale.

Sur l'importance pour le couple de nommer ce qu'il ressent

Si je suis une personne inquiète financièrement, il se peut que la hausse des taux d'intérêt des hypothèques me stresse. Si, pendant que je ressens cela, mon partenaire fait une dépense que je trouve exagérée (mais qui ne l'est peut-être pas dans les faits), cela pourrait me mettre les nerfs à vif.

Tout est une question de perception. Sa dépense pourrait accentuer mon insécurité, ce qui aurait un impact sur mes réactions (humeur, comportement verbal, etc.). Ma douce moitié aura donc l'impression que je la critique ou que je n'accepte pas ses choix de dépenses, bref, que je manque de compréhension ou d'écoute de ses besoins.

Si je vis une telle situation, il serait bon que je m'arrête et que je nomme l'émotion sous-jacente à mon insécurité (peur, colère, tristesse), en apprenant à utiliser davantage le «je»: «À cause de cette dépense, je suis anxieuse à l'idée de ne pas arriver à payer l'hypothèque, car les taux d'intérêt augmentent.» Si je parle de cette façon, la personne qui partage ma vie pourra m'écouter sans me juger et comprendre ce que je ressens. Personne ne peut contredire ce que vous vivez si vous ne portez pas de jugement ni ne donnez à l'autre une charge évaluative.

Ensuite, ensemble, vous pourrez trouver une solution pour répondre à cette insécurité. Vous auriez avantage, par exemple, à demander l'avis d'un expert en finances ou à effectuer des recherches sur les perspectives économiques en lien avec l'augmentation des taux d'hypothèque, puis à établir vos dépenses en tenant compte des enjeux économiques futurs.

CHAPITRE 5

CHOISIR L'APPROCHE ÉCONOMIQUE COMPORTEMENTALE

L'essentiel de notre bonheur ou de notre malheur
dépend de notre vision des choses
et non pas de notre situation financière.

Martha Washington

La finance comportementale me passionne, car c'est une approche qui permet de mieux comprendre les gens derrière les finances. Au cours de mes premières années d'emploi dans une institution financière, j'ai constaté que les humains doivent avancer en synergie avec la gestion de leurs finances, que les deux éléments sont indissociables.

Nos comportements influencent notre relation à l'argent, et les comprendre peut nous permettre de nous enrichir, car ce faisant, nous devenons capables de mettre des mots sur ce qui nous fait réagir, sur ce qui nous rend passifs dans nos choix financiers et sur ce qui nous propulse dans l'action de façon parfois impulsive.

Dans les années 1940, le psychologue américain Abraham Maslow a répertorié les besoins fondamentaux des individus en les hiérarchisant dans une pyramide aujourd'hui bien connue et nommée «pyramide des besoins» ou «pyramide de Maslow». Les aspects financiers de notre existence sont à la base des besoins fondamentaux qu'il a répertoriés. Au premier niveau, il a établi qu'il faut répondre à nos besoins physiologiques (manger, se loger), ce qui implique nécessairement l'argent. Au deuxième niveau de sa pyramide se trouvent nos besoins de sécurité, qui sont également en lien avec les aspects financiers de notre vie.

LA PYRAMIDE DES BESOINS DE MASLOW

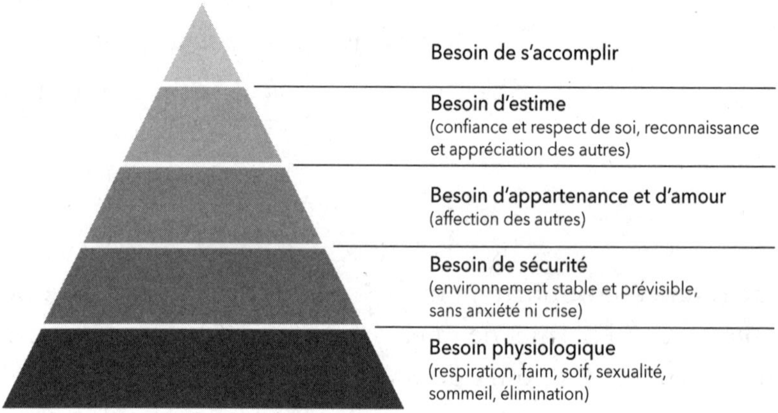

J'aimerais aborder en profondeur la finance comportementale avec vous, car je crois que cela peut être fort enrichissant de connaître certains des principes qui guident nos décisions et qui expliquent parfois notre inaction ou nos impulsions. Je considère que ceux-ci ont assurément une incidence sur la vie de couple et sur la relation que chacun entretient avec l'argent, et conséquemment, sur la capacité éventuelle de s'épanouir financièrement à deux.

Le principe de base de la finance comportementale est que les individus sont plus émotifs que rationnels (je sais, j'insiste) et qu'ils sont donc soumis à des biais cognitifs parfaitement humains, c'est-à-dire à des schémas de pensée trompeurs et faussement logiques. Après avoir lu le chapitre 3, vous n'êtes donc pas surpris, et vous savez que les émotions exercent une influence sur notre relation à l'argent et qu'elles font partie intégrante de nos décisions financières.

En plus, les gens compartimentent tous les aspects de leur vie, mais particulièrement les questions liées à l'argent. Ils peuvent donc remettre les décisions importantes aux calendes grecques, par incompréhension financière, par méconnaissance, par peur, etc. Notez que la finance comportementale est un sous-domaine de l'économie comportementale, qui, elle, s'intéresse à l'influence des comportements humains sur certaines situations économiques (choix de consommation, investissement, épargne, etc.[9])

La finance comportementale vise à mesurer l'influence de la psychologie sur nos décisions financières. Des facteurs inconscients influent sur chaque décision sans nécessairement que nous nous en rendions compte. Êtes-vous du genre à dépenser de façon impulsive ou à économiser avec minutie ? Le fait de prendre le temps de vous observer à l'aune des principes de la finance comportementale peut vous aider à mieux comprendre vos habitudes et peut-être aussi vous éviter de commettre des erreurs.

Certaines influences et certains préjugés psychologiques affectent nos comportements financiers, nous amenant parfois à agir sous le coup des émotions, à faire des choix irrationnels ou à avoir des réactions impulsives. Par exemple, un investisseur pourrait décider de vendre toutes ses actions dès qu'il constate une légère perte financière, obéissant ainsi à ses perceptions ou à ses émotions, sans analyser froidement ses possibilités.

On considère que la finance comportementale s'oppose à la théorie financière traditionnelle qui, elle, repose sur le principe que les marchés et les investisseurs sont parfaitement rationnels, que chaque individu a une vision à long terme, que les gens se préoccupent de leur patrimoine total et que tous détiennent les renseignements pour faire des choix éclairés en visant un bon équilibre entre le risque et le rendement et entre l'effort et le rendement, tout cela au bon moment ! Évidemment, ce n'est pas le cas, car si telle était la réalité, chacun aurait recours aux services d'un planificateur financier pour s'assurer de prendre de bonnes décisions et d'atteindre une posture financière enviable.

C'est après avoir constaté l'irrationalité de nos décisions financières que des économistes ont envisagé que les comportements des individus au sujet des questions d'argent étaient fortement influencés par leurs émotions. C'est ainsi qu'est née la finance comportementale, au début des années 1990. Ce champ est aujourd'hui devenu une discipline à part entière de la finance, avec ses propres revues universitaires (par exemple, en 2003, le *Journal of Psychology and Financial Markets* a été renommé *Journal of Behavioral Finance*). Plusieurs économistes et des psychologues se sont impliqués dans ce nouveau courant de pensée.

En 2002, Daniel Kahneman, un psychologue américain, a reçu le prix de la Banque de Suède en sciences économiques en mémoire d'Alfred Nobel (c'est le nom officiel du prix Nobel d'économie), et ce, même s'il n'était pas économiste, mais psychologue ! Cette reconnaissance a permis de mettre en lumière ses travaux novateurs portant sur la théorie des perspectives, qui sont à la base de la finance comportementale.

Puis, plus tard, en 2017, Richard Thaler a reçu le même prix Nobel d'économie pour ses travaux portant sur l'économie comportementale, qui traitaient de l'importance d'intégrer l'humain au sein des théories économiques. Dans le discours qu'il a fait lors de la remise du prix, il mentionnait : « J'ai découvert la présence de la vie humaine là où mes confrères économiques pensaient qu'elle n'existait pas. »

L'APPROCHE ÉCONOMIQUE TRADITIONNELLE ET L'APPROCHE AXÉE SUR LES COMPORTEMENTS	
Approche économique traditionnelle	**Approche axée sur les comportements**
• Les gens mettent l'accent sur l'actif global (équilibre entre le risque et le rendement).	• Les gens compartimentent les finances.
• Les gens agissent par pur intérêt (équilibre entre l'effort et le rendement).	• Les émotions font partie intégrante de la prise de décisions.
• Les gens ont une vision à long terme.	• Les gens adoptent les mêmes comportements que ceux qui les entourent.
• Les gens se préoccupent de leur patrimoine total.	• Les gens remettent à plus tard les décisions importantes.
• Les gens ont tous les renseignements en main pour faire des choix éclairés en visant un bon équilibre entre le risque et le rendement et entre l'effort et le rendement.	• Les gens se préoccupent des gains et surtout des pertes, et ils se donnent beaucoup de mal pour éviter de perdre de l'argent.

Les principes qui guident la finance comportementale

Voici quelques principes de la finance comportementale qui peuvent exercer une influence sur nos actions. À la fin de chaque principe, vous aurez des questions auxquelles répondre ou des exercices à compléter. Je vous invite à procéder individuellement, puis en couple, pour amorcer diverses conversations. Découverte assurée ! Place à l'ouverture : chacun a le droit de penser comme il pense. C'est le chemin pour se connecter et se comprendre ensemble qu'il faut emprunter.

L'argent et la valeur qu'on lui donne

Pour expliquer le principe de l'argent et de la valeur qu'on lui donne, je vais vous relater une expérience menée par le journaliste Gene Weingarten du *Washington Post*[10]. Cette expérience a été réalisée avec l'aide de Joshua Bell, un violoniste virtuose ayant présenté son premier concert à l'âge de sept ans. Pour vous donner une idée du talent, du succès et de la fortune de ce musicien, sachez qu'avant l'expérience que je vous narre ici, il s'était déjà produit dans les plus grandes salles de concert du monde et il possédait un violon d'une valeur de près de 4 millions de dollars.

L'expérience est la suivante : le 12 janvier 2007, un matin à l'heure de pointe, Joshua Bell a joué du violon pendant 45 minutes dans l'entrée d'une station de métro de Washington pour récolter la somme de 32 dollars. Sept personnes seulement se sont arrêtées un bref instant pour l'écouter ; une seule d'entre elles l'a reconnu et lui a laissé 20 dollars. Le point clé de cette expérience est apparu lorsqu'il a eu fini de jouer. En effet, il n'y a eu aucune réaction, aucun applaudissement, on ne lui a pas vraiment prêté attention, sauf la personne qui l'avait reconnu. En somme, personne ne savait que ce violoniste était célèbre et donc pratiquement personne n'a fait attention à la qualité de sa prestation. La conclusion du journaliste: «Dans un environnement ordinaire, à une heure inappropriée, sommes-nous capables de percevoir la beauté, de nous arrêter pour l'apprécier, de reconnaître le talent dans un contexte inattendu?»

Cet exemple démontre que selon le contexte ou la situation, les perceptions de chacun, la valeur que nous attribuons à quelqu'un, à son talent, à ses capacités peuvent grandement varier. De même, nous accordons une valeur monétaire à certaines choses et pas à d'autres: une personne peut aimer lire et acheter des livres sans se questionner sur leurs coûts, tandis qu'une autre voudra plutôt acheter des huîtres, du chocolat fin ou une bouteille de bon vin.

Certains aspects de notre vie sont évalués selon la valeur que nous leur accordons. Par exemple, pour certains, réussite professionnelle et type de voiture ont un lien fort. Ainsi, rouler dans un véhicule luxueux sera associé à la réussite professionnelle. En couple, chacun a sa propre notion de ce qui a une valeur. C'est ce que nous pouvons voir dans notre couple et dans d'autres que nous côtoyons. Votre partenaire n'a probablement pas les mêmes attirances que vous pour tel ou tel aspect.

En prenant le temps de nommer ce à quoi nous attachons une valeur financière, nous pouvons requestionner celle-ci afin de bien comprendre nos motivations et nos besoins. Est-ce lié à une passion que nous avons? À une croyance? Ou au jugement du regard des autres? Demandez-vous: qu'est-ce qui a une très grande valeur financière à mes yeux? Pour quel objet suis-je prêt à dépenser un gros montant? Quelle est ma motivation derrière cette dépense que j'envisage?

En vous posant ces questions, vous pourrez prendre conscience de ce qui motive vos choix financiers, et peut-être revoir certaines croyances, renouer avec d'autres valeurs ou remettre en question la pertinence de vos choix en les modifiant selon votre évolution. Il est à noter qu'une personne de 30 ans a bien souvent une vision différente de celle d'une autre de 70 ans, et que nos perceptions se modifient selon les situations de vie qui se présentent. Les priorités peuvent changer au fil du temps.

Cette prise de conscience pourra susciter une discussion dans votre couple afin que chacun ait l'occasion de partager ce sur quoi il est prêt à dépenser une somme importante. Ainsi, certaines dépenses pourront être remises en question ou acceptées mutuellement selon les motivations de chacun et celles du couple.

Nous avons une aversion pour les pertes

L'être humain est très frileux devant le sentiment de perte. C'est d'ailleurs pourquoi bien des gens ont de la difficulté avec les changements, car ils perçoivent immédiatement la possibilité de perdre quelque chose plutôt que celle d'envisager un gain. Toutefois, afin d'évoluer, il est nécessaire de perdre quelque chose. Par exemple, quelqu'un qui arrête de fumer vivra une perte de ses habitudes de fumeur, mais réalisera un gain sur le plan de sa qualité de vie et tirera avantage de son nouveau statut de non-dépendant.

L'approche de la finance comportementale a démontré que nous craignons davantage de perdre que nous espérons gagner. C'est ce qui est appelé la théorie des perspectives. Ainsi, nous accordons deux fois plus d'attention à une perte éventuelle qu'à un gain potentiel.

Un exemple : une chaîne de café bien connue a un jour modifié les formats de ses tasses pour emporter. Après ce changement, le café « petit » équivalait à un ancien « moyen », et un café moyen était devenu plus grand. Même si les gens pouvaient le constater, certains ont continué à acheter un café moyen, même s'ils se trouvaient alors à consommer plus de café et à dépenser davantage. Une habitude peut être difficile à modifier, car nous croyons toujours que nous allons perdre quelque chose ; nous nous privons de percevoir le gain.

Il en va de même en matière de gestion des finances personnelles. J'ai reçu en consultation un couple qui éprouvait des difficultés de gestion financière. Pour le mari, le compte d'épargne conjoint était réservé aux dépenses spéciales, notamment aux frais de voyage, mais il pouvait également servir au remboursement de dettes. Pour l'épouse, utiliser ce compte pour payer des dettes communes, bien sûr, signifiait « se priver de vacances ». Pour elle, c'était une perte, elle ne voyait pas de gain.

EXERCICE – JE CONSIDÈRE LES DEUX FACETTES D'UN CHANGEMENT

Si vous avez vécu un changement notoire au cours de la dernière année (nouvel emploi, changement de statut matrimonial, grossesse, achat d'une maison, obtention d'un diplôme, etc.), faites un retour sur cet épisode de vie et voyez ce que ce changement vous a apporté de positif, ce que vous y avez gagné. Par exemple, si vous avez changé d'emploi, est-ce que vous avez aujourd'hui une meilleure qualité de vie, une rémunération plus intéressante ?

Demandez-vous ensuite ce que vous avez dû accepter comme perte : prendre votre courage à deux mains pour quitter l'ancien emploi, parcourir une plus longue distance entre la maison et le travail, etc. Pour avancer, vous avez dû accepter de perdre quelque chose : de quoi s'agit-il ?

EXERCICE – À DEUX, NOUS VOYONS LA PERTE, PUIS LE GAIN D'UN PROJET

Tout d'abord, demandez-vous ce qui peut susciter en vous un sentiment de perte si vous allez dans le sens d'un projet de votre conjoint. Pensez à un souhait qu'il caresse depuis un moment et pour lequel vous avez tout de suite réagi négativement en vous exclamant, par exemple : « C'est trop cher ! » Vous craignez peut-être de devoir piger dans vos économies pour que ce projet puisse se concrétiser, ce qui traduirait un sentiment d'insécurité.

Ou faites l'inverse : pensez à un moment où votre conjoint a réagi vivement à un projet que vous aviez en tête. Par exemple, vous vouliez aller vivre dans une autre ville, et votre conjoint s'y est opposé, car cela impliquait un trop grand changement d'environnement, selon lui. Voyez le sentiment de perte que vous ressentiez, quel que soit le projet.

Ensuite, questionnez-vous à deux sur ce que vous auriez à *gagner* en lien avec un projet ou un changement que vous envisagez ensemble (travail, domicile, etc.). Par exemple, acheter une maison rendrait votre vie de famille plus épanouissante ou vous permettrait de vivre dans un nouvel environnement plus paisible. Ou encore l'achat d'un motorisé vous donnerait l'occasion de poursuivre votre vie professionnelle en télétravail et vous conférerait une plus grande liberté. Mettez un projet en route et voyez le gain que vous espérez.

Par la suite, avec le gain envisagé, regardez ensemble les changements que vous devriez effectuer pour réaliser votre projet commun. Par exemple, établir un budget et vous y tenir vous permettrait d'accumuler assez d'argent pour acheter une maison ou un motorisé.

Ainsi, en percevant le gain associé à un éventuel changement, il vous est plus facile d'identifier la perte d'un changement d'habitude que vous êtes prêts à faire ensemble et de vous en affranchir.

Notre comptabilité mentale est créative

Comme nous commençons à le comprendre, personne n'a donc la même perception de ses dépenses et de ses gains. On effectue en quelque sorte des comptes mentaux à partir des valeurs qui nous importent, ou non. Ainsi, notre cerveau fait ses comptes financiers à partir de ce à quoi nous accordons de l'importance. Dans cette optique, vous pouvez assumer vos dépenses en fonction de votre chèque de paie (à la petite semaine) et malgré tout débourser beaucoup d'argent pour l'achat de bons vins parce que vous êtes un amateur de grands crus. La comptabilité mentale guide votre façon d'épargner, de dépenser et d'investir.

Cette comptabilité créative peut parfois être payante et vous aider à suivre votre budget en vous évitant de trop dépenser. Mais elle peut également vous amener à prendre de mauvaises décisions financières.

Alice et Alexandre ont prévu de faire une escapade romantique à Pâques. Toutefois, le prix des chambres de l'hôtel est élevé. Le couple pourrait choisir de réserver une chambre moins luxueuse dans le même hôtel, changer d'établissement ou décider de remettre son escapade romantique à un autre week-end. Si le déjeuner est compris, les deux amoureux considéreront peut-être qu'ils économiseront le prix d'un repas. S'ils sont gourmands, ce choix pourrait leur convenir. On voit donc que chaque décision financière est subjective et que nous avons tous recours à une comptabilité mentale créative quand vient le temps de faire un choix qui entraîne des dépenses ou qui pourrait rapporter un gain.

Cependant, beaucoup de gens dépensent de façon émotionnelle dans le but de… combler un vide ! C'est pourquoi il est important ici de nous questionner sur notre perception de ce qu'est une « bonne affaire ». Je peux vouloir acheter des cadeaux à mes enfants parce qu'une offre est intéressante, mais cette dépense pourrait également être associée au fait que je me sens inadéquate comme parent. Il est donc important d'identifier les éléments déclencheurs qui nous poussent à sortir notre carte de crédit ou l'argent de notre poche.

EXERCICE – J'ÉTABLIS MES PRIORITÉS FINANCIÈRES N° 2

Le but est ici de connaître vos priorités financières n° 2, ce que vous considérez comme une bonne affaire. Ces priorités sont celles pour lesquelles vous aimez avoir un coussin ; elles sont en lien avec vos passions ou vos centres d'intérêt. Elles sont différentes de celles liées à vos obligations financières n° 1, qui sont, elles, essentielles (hypothèque, prêt auto, etc.).

Demandez-vous : qu'est-ce que je considère comme une bonne affaire ?

Pour vous aider, voici deux exemples. Vous êtes un amateur de plein air et de randonnée pédestre. Vous considérerez certainement comme une « bonne affaire » le fait que le prix de votre camping du week-end prochain inclue l'accès aux sentiers pédestres. Vous aimez voir des expositions dans les musées. Vous resterez à l'affût des promotions sur le coût de l'abonnement annuel.

En nommant vos priorités financières nº 2, vous pourrez identifier ce qui correspond pour vous à celles qui sont une bonne affaire, en lien avec vos passions. Par la suite, les efforts que vous déploierez pour constituer un coussin financier afin de vous les procurer seront moins difficiles. Vous prendrez également conscience des éléments déclencheurs de dépenses qui trahissent chez vous le besoin de combler un vide. Dans ce deuxième cas, cette prise de conscience vous évitera de dépenser de façon émotionnelle et impulsive. Vous pourrez trouver une autre façon de combler ce vide.

Je vous invite également à effectuer cet exercice à deux. En connaissant les priorités financières nº 2 de chacun, vous pourrez revoir ensemble votre gestion des dépenses et peut-être même découvrir des passions ou des centres d'intérêt communs qui vous amèneront à économiser ensemble pour pouvoir vous y adonner.

Trois émotions sont au cœur de l'action et de l'inaction

Je vous en ai glissé un mot précédemment, mais savez-vous que trois émotions sont au cœur de notre impulsion à agir ou de notre inaction ? La publicité les utilise d'ailleurs beaucoup.

- Amour : action.
- Peur : inaction, action.
- Regret : action, inaction.

L'émotion d'amour est une pulsion d'action. Par amour pour un proche, certains sont prêts à faire des folies. Je le constate souvent dans des contextes de transfert d'entreprise ;

en effet, bien que parfois la relève n'ait pas le potentiel requis pour diriger une organisation, les dirigeants – souvent les parents – persistent à souhaiter coûte que coûte que leurs descendants prennent la relève. Également, dans un couple, par amour pour l'autre, on décide parfois de faire des dépenses qui vont au-delà de son budget.

L'émotion de peur peut nous rendre inactifs ou au contraire actifs. Elle peut nous inciter à ne rien faire ou à reporter des décisions ; on craint de se tromper, de commettre une erreur. La peur peut aussi, à l'inverse, nous entraîner à poser des gestes irréfléchis. Un exemple : quand les intérêts de placements chutent, certains décident de tout vendre plutôt que de patienter. Est-ce un choix judicieux ? Rien n'est moins sûr.

La troisième émotion, le regret, est davantage liée à l'inaction ou à l'impuissance d'agir. Le regret est une émotion complexe qui surgit lorsque l'on ressent de la tristesse ou du mécontentement vis-à-vis d'une action passée, souvent parce qu'on pense qu'on aurait pu agir différemment pour obtenir un meilleur résultat. C'est une réaction émotionnelle qui peut survenir lorsque l'on réalise les conséquences négatives d'une décision ou d'un choix antérieur. Le regret peut être accompagné de remords ou de culpabilité, et peut susciter le désir de rectifier ou de changer quelque chose dans le passé, ce qui est parfois difficile, voire impossible. Cependant, il peut également être une source d'apprentissage et de croissance personnelle, nous aidant à prendre des décisions plus réfléchies à l'avenir.

EXERCICE – À QUELLE ÉMOTION SUIS-JE LE PLUS SENSIBLE ?

- Est-ce que, par amour, vous êtes prêt à faire de grandes dépenses ?
- Est-ce surtout pour vous faire aimer ? (peur et amour)
- Est-ce plutôt parce que vous ne voulez pas avoir de regrets ou parce que vous voulez profiter pleinement de la vie ? (regret)
- Est-ce que vous économisez sans relâche parce que vous craignez de manquer d'argent ou parce que vous voulez être en mesure de laisser un héritage substantiel à ceux que vous aimez ? (peur et amour)

L'importance de formuler : il ne faut pas tenir pour acquis que nous percevons les mêmes choses

Ce principe a un impact direct sur les perceptions et il entraîne des comportements différents selon le contexte. Si vous regardez l'illustration ci-dessous, que voyez-vous ?

Vers la fin de la journée, lorsque l'heure de l'apéro approche, il est probable que vous perceviez en premier les

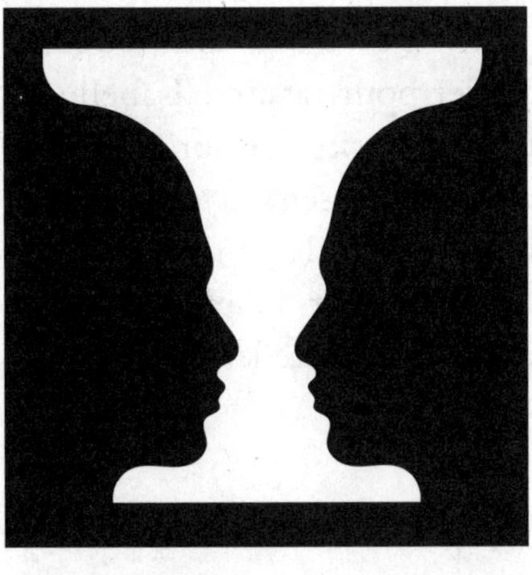

deux profils, car ce genre d'événement est social. Si vous êtes à la plage par une belle journée chaude, vous verrez probablement la coupe ou vous imaginerez une boisson rafraîchissante avant de découvrir les deux visages qui se regardent.

Ainsi, la façon de percevoir une situation est influencée par les attentes et par le contexte. La même chose se produit également par rapport aux décisions financières. Dans un couple, vous êtes deux ; vous pouvez ainsi percevoir deux « images » selon le contexte, selon les attentes. Communiquer ensemble, se dire ce que l'on pense et ressent est donc très important. Il ne faut pas tenir pour acquis que nos perceptions sont les mêmes. Si on le fait, on risque bien des déceptions.

Également, quand vous parlez d'argent en couple, prêtez attention au choix des mots, car ils ont un impact important et traduisent les croyances de chacun. Imaginez la conversation suivante. Claude mentionne à Isabelle son intention d'investir dans un portefeuille d'actions. Sa conjointe réagit en lui mentionnant que c'est risqué, car elle a une forte aversion pour les pertes. Dans ce cas-ci, en prêtant attention au mot « risque », Claude pourrait mentionner tout de suite qu'il n'y aura pas de risques pour le capital investi puisqu'il s'agit d'un investissement à capital garanti, ou faire intervenir un conseiller financier pour rassurer Isabelle. Cette dernière, afin d'entendre l'intention de son conjoint, devra prêter attention au mot « investissement », qui traduit le désir de ce dernier. Ainsi, ensemble, ils pourront s'aligner en fonction de leurs croyances et de leurs besoins respectifs. Tout est dans la façon d'entendre et de dire les choses.

EXERCICE – À DEUX, COMMENT INTERPRÉTONS-NOUS UNE MÊME IMAGE ?

Et vous, qu'avez-vous vu en premier dans l'image de la page 85 ? À quoi celle-ci vous a-t-elle fait penser ? Échangez vos interprétations avec votre partenaire de vie, tout en prêtant attention à vos choix respectifs de mots.

Nous avons une préférence pour le statu quo

En finance comportementale, on parle de la procrastination comme d'une préférence pour le statu quo. Pourquoi certaines personnes remettent-elles toujours leurs prises de décisions financières ? Parce que prendre une décision financière est difficile. Il faut du temps pour envisager toutes les options, et nous ne voulons surtout pas nous tromper. Cela nécessite de soupeser les conséquences des différentes options. Cela dit, il vaut mieux apprendre et trouver des stratégies qui vous aideront à faire des choix.

Imaginez que le couple formé par Claudia et Alexe souhaite acheter une maison. Claudia la prudente a besoin de tout comprendre et de s'assurer qu'elle n'aura pas de mauvaises surprises après l'achat, tandis qu'Alexe la téméraire s'est éprise de la maison et la veut tout de suite, peu importe les conséquences. Claudia pourrait choisir l'inaction. Cependant, Alexe risque de revenir à la charge pour qu'une décision soit prise. Ce bouleversement chez l'une des partenaires risque d'amener l'inertie ou une frustration qui pourrait même devenir une source de querelle dans le couple.

Comment prendre une décision à deux?

- Prévoir un moment pour discuter du problème ou du choix à faire.
- Si cela s'applique, rencontrer ensemble un conseiller financier.
- Simplifier l'effort requis en fournissant toutes les informations nécessaires ou en vous assurant de la compréhension de l'autre par la reformulation de ce que vous croyez comprendre.
- Faire en sorte que la meilleure option soit celle qui répond à vos besoins sans trop d'efforts mentaux. Parfois, il faut cesser de se poser des questions afin de pouvoir avancer. Si les questions persistent, ce sont peut-être vos peurs que vous devez considérer.
- Demander de la clarté quand vous ne comprenez pas un point.

EXERCICE – JE PRENDS UN TOURNANT SUR UN PROJET PRÉCIS

Pensez à une décision que vous avez de la difficulté à prendre. Vous pensez à quelque chose, vous en rêvez, même, mais vous continuez d'hésiter: l'acquisition d'une maison, l'inscription à une formation, la détermination du mois et de l'année de la retraite... Discutez-en avec votre conjoint, parlez de vos peurs et de ce qui vous amène à retarder votre décision.

Osez également poser des questions à votre entourage par rapport à cette décision que vous n'arrivez pas à prendre, peut-être même à un spécialiste, afin d'avancer dans votre réflexion. Surtout, permettez-vous d'insister si les idées dont on vous fait part vous semblent floues. Parfois, nos peurs nous empêchent de bien comprendre ce qui nous est présenté. Si le langage ou les mots sont trop techniques, cela peut nuire à notre compréhension ; c'est un discours qui se trouve alors hors de notre champ de compétences.

Il est à noter que vous n'aurez pas nécessairement la solution à la fin de vos démarches ou un résultat immédiat, mais au moins, vous avancerez un peu grâce à vos prises de conscience qui transformeront vos réflexions en actions.

Nous recevons parfois une surcharge d'informations

Rappelons que, dans la perspective de la finance comportementale, de nombreux chercheurs ont noté que toutes les décisions ne sont pas nécessairement prises de manière rationnelle et que les décisions impulsives peuvent avoir une valeur et un sens dans certaines situations.

Parfois, quand vous êtes surchargé d'informations ou qu'il y a trop de choix, le chemin le plus facile est l'inaction. En couple, si vous voulez avancer dans l'harmonie, abordez un sujet à la fois et identifiez tout d'abord des moyens moins analytiques pour faire des choix financiers qui sont alignés sur vos valeurs (aspect émotionnel). Par exemple, demandez-vous : voulons-nous acheter la voiture qui offre la valeur de revente projetée la plus élevée ou, si elle est électrique, celle qui a la plus grande autonomie ? Vous pourrez par la suite appuyer votre choix sur des statistiques, selon ce que vous aurez déterminé comme critère décisionnel.

Mathilde et Benoit désirent acheter un véhicule neuf, mais ils ont des hésitations au sujet du modèle.

- Dans un premier temps, ils doivent réfléchir à leurs valeurs à ce sujet. Tous les deux s'entendent sur le fait qu'ils aimeraient acquérir une voiture électrique.
- Dans un deuxième temps, ils peuvent décrire ce qu'ils envisagent comme choix ainsi que leurs critères principaux. Benoit aimerait une petite auto électrique confortable avec une bonne autonomie de batterie pour faire de longues distances. Mathilde préférerait un VUS, qu'elle trouve plus pratique l'hiver.
- Dans un troisième temps, ils doivent se renseigner, recueillir des données et des statistiques, selon ce qu'ils ont soulevé précédemment : est-ce mieux de rouler en VUS l'hiver ou un véhicule à quatre roues motrices peut-il convenir ? Quelle est la distance qu'ils doivent pouvoir parcourir régulièrement ? Quelle est l'autonomie de la batterie ?
- Dans un quatrième temps, ils pourront choisir deux ou trois modèles de voitures qui respectent leurs critères respectifs, puis faire des essais routiers.
- Finalement, ils opteront pour le modèle correspondant aux besoins et aux choix de chacun et qui auront été mis en commun.

Ces étapes peuvent sembler laborieuses, mais si le couple va trop vite, la personne qui se sent bousculée freinera de façon consciente ou inconsciente l'avancée d'un projet. Et dans un couple, il y a souvent un freineur ! En procédant étape par étape, Mathilde et Benoit seront en mesure de concrétiser leur projet. Chacun avancera en synergie avec l'autre selon les préoccupations, les perceptions et les besoins du couple. À coup sûr, ils seront dans l'action et ne craindront pas de se tromper, car ils procéderont par étapes et en réfléchissant.

EXERCICE – À DEUX, NOUS PARLONS D'UN PROJET COMMUN

Et vous, avez-vous un projet ? Un projet de voyage à faire ensemble ? Discutez-en et mentionnez vos centres d'intérêt ou vos préférences. Abordez à deux ce que vous recherchez, par exemple, faire de la randonnée pédestre en montagne, aller à la mer, faire le tour de l'île que vous visiterez après avoir loué une jeep... Dormir, manger et boire pendant deux semaines... Visiter des ruines... ou des églises... Par la suite, vous pourrez regarder ensemble la destination qui correspond à vos critères respectifs tant du point de vue des goûts de chacun que de celui de vos ressources financières.

Évidemment, il peut s'agir d'autre chose qu'un projet de voyage. Ciblez votre projet commun et discutez-en ensemble pour le rêver, l'imaginer et le concrétiser en équipe.

L'efficacité de la visualisation

On dit qu'une image vaut mille mots. Plusieurs entreprises vont s'en servir dans leurs publicités pour vous permettre de vous imaginer posséder telle chose ou faire telle chose. Les expériences sont plus efficaces que les statistiques. Plus il est facile de se projeter dans une situation, plus l'effet est important. Le fait de vous imaginer que quelque chose vous arrive augmente votre estimation de la probabilité que cela se produise.

EXERCICE – JE VISUALISE MES PROJETS POUR LA PROCHAINE ANNÉE

- Et vous, à quoi aspirez-vous ?
- Que voulez-vous atteindre au cours de la prochaine année ?
- Prenez le temps de rêver et d'imaginer ce que vous voulez réaliser.
- Utilisez le temps présent comme si vous aviez déjà réalisé votre objectif. (J'ai trouvé le métier de mes rêves ou la maison de mes rêves…)
- Ensuite, parlez-en avec votre conjoint.

EXERCICE – À DEUX, NOUS CRÉONS UN TABLEAU DE VISUALISATION DE PROJETS

Vous pouvez concrétiser en images ce à quoi vous aspirez. Je vous suggère de concevoir un tableau de visualisation à deux. Pour ce faire, chacun trouve des images qui correspondent à ses objectifs de vie (accomplissement professionnel, économique, projets familiaux, bien-être physique, mental et relationnel, réalisation de soi et de couple) et les accroche sur un tableau. Le fait de voir ces images tous les jours permet à votre cerveau de les enregistrer. Ensuite, votre vie s'alignera sur vos objectifs, car vous agirez pour les concrétiser. À la fin de l'année, vous pourrez faire un bilan et choisir de nouvelles images selon ce que vous voudrez atteindre tant individuellement qu'en couple.

En terminant et en résumé, l'être humain est émotif, mais cela sous-tend un besoin que chacun doit identifier et communiquer. Dans le flot du stress quotidien, cela devient difficile de se connecter ou d'être présent à l'autre afin d'entendre ses préoccupations. Ajoutons à tout cela les différents biais qui façonnent nos actions et nos inactions et que révèle la finance comportementale.

J'espère qu'à cette étape du livre, vous avez fait des prises de conscience, amorcé des réflexions et identifié des solutions pour que votre couple soit dans l'harmonie en matière de finances personnelles. Cependant, retenez toujours que, dans un couple, chacun a son langage propre. Allons maintenant voir quelles sont ces différences de langage et nos différentes personnalités selon l'apport des métaprogrammes de la programmation neurolinguistique (PNL) et des archétypes de Jung.

CHAPITRE 6

LES MÉTAPROGRAMMES ET LES ARCHÉTYPES : DEUX OUTILS POUR CONNAÎTRE VOTRE COMPATIBILITÉ FINANCIÈRE

Il est malheureux que les gens ne voient que les différences qui les séparent. S'ils regardaient avec plus d'amour, ils discerneraient surtout ce qu'il y a de commun entre eux, et la moitié des problèmes du monde seraient résolus.

Paulo Coelho

Nous avons vu jusqu'à maintenant diverses notions qui affectent notre façon de dépenser et de gérer nos biens, et les incidences que cela peut avoir sur notre vie de couple. Nous avons abordé l'influence des croyances et des valeurs, la façon dont nos émotions peuvent interférer avec nos prises de décisions, ainsi que la finance comportementale, qui explique les filtres et les attitudes que nous pouvons avoir au sujet des questions d'argent.

Dans ce chapitre, écrit en collaboration avec Robert Vézina, nous aborderons les filtres et les attitudes cognitives que chaque personne utilise pour expliquer une situation ou y faire face. C'est à partir de ces filtres que nous organisons et traitons les informations provenant du monde extérieur. Ce que l'on nomme, en programmation neurolinguistique (PNL), les métaprogrammes.

En fin de chapitre, je décrirai les archétypes de personnalité qui nous caractérisent selon Carl Gustav Jung, célèbre dissident de la psychanalyse classique. Nous avons vu que la psychologie a exercé une influence sur le monde financier par l'apport de l'approche de la finance comportementale ; nous allons maintenant tenter de comprendre nos personnalités en lien avec la gestion financière.

En connaissant votre type de personnalité, puis celui de votre partenaire de vie, vous découvrirez si vous êtes compatibles d'un point de vue financier et s'il vous sera facile d'avancer en synergie ou si, au contraire, vous devrez faire plus d'efforts que d'autres couples pour bien fonctionner ensemble.

Ce que sont les métaprogrammes

La majorité des gens n'ont jamais entendu parler des métaprogrammes puisqu'il s'agit d'un terme spécifique utilisé par les personnes qui connaissent la PNL. Pour expliquer simplement cette notion, disons que les gens ont tous des comportements différents selon ce qui les motive et selon la manière dont leur cerveau trie les informations qu'ils reçoivent. L'histoire familiale, la culture, l'éducation, les expériences de vie et plusieurs autres facteurs ont programmé notre cerveau pour qu'il réagisse de telle ou telle façon ; c'est pourquoi nous parlons de métaprogrammes.

On pourrait comparer le cerveau à une sorte de logiciel qui perçoit les informations, les évalue, les classe, les organise, les exprime et détermine ce qui retient son attention à sa manière unique. Parmi les métaprogrammes de la PNL, on trouve le pessimisme/l'optimisme, l'évitement/l'aller vers, le global/le spécifique, etc. Ainsi, chaque individu possède sa façon propre de percevoir la réalité, et chacun adopte des comportements qui sont motivés par ses métaprogrammes.

Il est important de savoir qu'il existe une relation étroite entre le comportement des gens et leur façon de s'exprimer. Ainsi, notre vocabulaire et nos structures de phrases sont le reflet de nos métaprogrammes. Vous connaissez sans doute des gens qui donnent énormément de détails lorsqu'ils décrivent un film qu'ils viennent de voir, tandis que d'autres résument le tout en une phrase. Certaines personnes sont motivées par le fait d'atteindre un objectif, alors que d'autres sont davantage stimulées par le fait de n'avoir aucun problème. Lorsqu'on parle d'argent, par exemple, certains travaillent très fort pour s'enrichir, alors que d'autres peuvent s'échiner tout aussi fort en étant davantage motivés par la crainte de la pauvreté !

On peut classer les métaprogrammes en deux catégories, ceux de motivation et ceux de tri de l'information.

Les métaprogrammes de motivation

Les métaprogrammes de motivation permettent de comprendre comment une personne est motivée ou démotivée. Il existe plusieurs métaprogrammes de motivation, mais nous nous limiterons ici à trois d'entre eux qui sont présents quand il est question d'argent, de biens ou d'acquisitions. Connaître les filtres qui colorent votre façon d'être motivé ou de ne pas l'être, et ceux de votre conjoint ou de vos proches, ne pourra que vous être utile dans la gestion de vos biens et de ceux de votre couple.

1. Préférez-vous « atteindre un objectif » ou « vous éloigner d'un problème » ?

Imaginons qu'Audrey et Sébastien sont avant tout motivés par le désir d'« atteindre un objectif » et qu'ils ont justement le projet d'acquérir une propriété. Ils utilisent alors des phrases comme « Nous achèterons une maison », « Nous réaliserons notre rêve », « Nous réussirons à nous offrir cette maison ».

Imaginons maintenant un autre couple, Stéphanie et Thomas, qui sont tous deux du type « s'éloigner de ». Ils ont tendance à se dire « Nous quitterons enfin notre logement », « C'est fini de donner notre argent à un propriétaire » et ils expriment leurs pensées comme des gens qui veulent s'éloigner d'un contexte.

Quand deux personnes fonctionnent sur le même mode, elles se comprennent bien. Mais que se passe-t-il si elles sont différentes ? Imaginons alors que Stéphanie et Sébastien forment un couple. Stéphanie veut s'éloigner des problèmes, tandis que Sébastien cherche à atteindre des objectifs. Lorsqu'ils auront un projet en tête, ils risquent de se relancer la balle avec leurs propres arguments, sans jamais partager les mêmes motivations. Pour ne rien simplifier, il est également possible qu'une personne ait les deux types de motivation et qu'elle veuille aussi bien atteindre des objectifs que s'éloigner des problèmes.

Pensons maintenant que le projet d'acheter une maison soit très fortement souhaité pour Stéphanie et beaucoup moins pour Sébastien. Si Stéphanie souhaite convaincre Sébastien de passer à l'action, il sera important qu'elle identifie ce qui motive son conjoint. Est-il du type « aller vers » ? Si oui, il faudra lui vendre le bonheur associé à l'achat de la maison, alors que s'il est du type « s'éloigner de », elle devra l'amener à penser qu'il est intéressant d'arrêter de payer un loyer à un propriétaire ou que le quartier actuel ne leur convient plus pour la réalisation de leurs projets futurs.

2. Êtes-vous du type « pareil » ou « différent » ?

Continuons d'imaginer que le projet d'un couple est d'acheter une maison et que la question de l'argent est au cœur des discussions. Si les deux partenaires sont du type « pareil », ils parleront le même langage et se convaincront mutuellement, par exemple, que leur situation financière après l'achat sera « aussi bonne qu'avant », que leur trajet respectif du travail à la maison « ne prendra pas plus de temps », que le budget d'entretien de leur nouvelle demeure sera compensé par la baisse du budget auto, etc. Ils verront tous les deux ce qui sera pareil entre leur situation précédente et celle qu'ils envisagent.

Si les deux partenaires de vie sont du type « différent », ils auront plutôt tendance à se motiver mutuellement en se disant que « leur qualité de vie sera meilleure » qu'avant l'achat, qu'« être propriétaire est une bonne façon d'épargner et de se bâtir un capital », que « c'est bien mieux que de donner son argent à un étranger », etc. Bref, ils verront des bénéfices dans la différence.

Lorsque, dans un couple, on trouve une personne du type « pareil » et une autre du type « différent », il devient important de renforcer la motivation des deux partenaires en utilisant les bons mots, ceux qui sonnent bien à leurs oreilles et qui les motivent. En effet, tenter de convaincre une personne avec des arguments « pareils » alors qu'elle est du type « différent », ou vice-versa, n'aura aucun effet sur sa motivation et pourrait au contraire entraîner un désintérêt de sa part.

3. Êtes-vous du type « action » ou « réaction » ?

Continuons d'imaginer un couple enthousiasmé par ce beau projet d'acheter une maison. Est-ce que ces métaprogrammes pourraient faciliter la réalisation de leur projet ou des complications apparaîtront-elles ?

Si nos deux amoureux sont du type « action », dès qu'ils auront un coup de cœur, ils iront rencontrer le courtier hypothécaire ou l'institution financière sans attendre ! Ils ne se poseront pas trop de questions et voudront agir de façon impulsive pour tout mettre en branle, parfois sans même prendre le temps de considérer et d'étudier les autres possibilités. À l'inverse, si les deux sont du type « réaction », ils prendront le temps d'étudier tous les aspects du dossier, de considérer plusieurs options de financement, de faire évaluer la maison, etc. Bref, s'ils se ressemblent, tout ira rondement.

Si l'un des deux membres du couple est du type « action » et que l'autre est du type « réaction », il se peut qu'ils vivent de nombreux épisodes de stress. L'un voudra faire tout faire rapidement, aller de l'avant, parfois sans réfléchir, alors que l'autre souhaitera prendre son temps, analyser les risques, etc. L'empressement de l'un confronté à la lenteur de l'autre pourrait susciter des disputes.

Imaginez si, en plus, le conjoint du type « réaction » a une valeur de sécurité forte (voir le chapitre 2) et des croyances limitantes (voir le chapitre 2) qui lui martèlent que l'argent ne pousse pas dans les arbres et qu'il ne faut pas recourir aux emprunts, tandis que celui qui est du type « action » croit fermement que la vie est courte et qu'il faut agir rapidement.

Ouf, on aurait de beaux échanges en perspective, ou pire, chacun se tairait et accumulerait des frustrations qui exploseraient tôt ou tard. Résultat: ce couple pourrait éventuellement battre de l'aile.

On voit donc que ces métaprogrammes de motivation peuvent influencer grandement notre façon de gérer nos finances et que connaître les nôtres et ceux de notre conjoint peut être très aidant.

Les métaprogrammes de tri de l'information

Les métaprogrammes de tri de l'information nous éclairent sur la façon dont nous traitons les renseignements que nous recevons. Il en existe une dizaine; cependant, nous nous limiterons ici à quatre pour illustrer comment l'information est traitée différemment quand il est question de gestion financière.

1. Êtes-vous du type «spécifique» ou «généraliste»?

Josée et David discutent ensemble du projet d'acheter un motorisé afin de vivre une vie de nomade et de travailler à distance. Tous deux sont du type «spécifique»: ils s'entendent à merveille et considèrent tous les détails de l'éventuel achat ainsi que de leur nouvelle vie. Ils revoient leur plan commun et s'assurent de dresser une chronologie précise des étapes à venir. Lorsque David décrit en détail ce qui s'en vient, Josée comprend tout et se délecte d'une telle précision.

En revanche, la communication pourrait être plus difficile si Josée est du type «spécifique» et David du type «généraliste», car ce dernier ne voudrait alors pas entendre et discuter des détails des prochaines étapes; il préférerait les informations simples et courtes. Si Josée demandait à David s'il a consulté le directeur du crédit de la banque pour un éventuel emprunt, David répondrait quelque chose comme : « Oui, je l'ai vu. Grosso modo, il n'y a pas de problème, on aura l'argent nécessaire. » Josée serait très insatisfaite de cette réponse, car il ne lui fournirait aucun détail !

À l'inverse, si David pose à Josée la même question, elle répondra : « Oui, j'ai pris rendez-vous pour ce matin. J'ai utilisé l'auto et me suis rendue à la banque. Il y avait beaucoup de circulation et j'ai failli arriver en retard. J'ai quand même attendu 25 minutes avant de rencontrer le conseiller. Je lui ai fourni nos informations financières et lui ai aussi donné les détails concernant nos dettes. Ensuite, il a entré ces données dans l'ordinateur et m'a dit que nous pourrions avoir le prêt. Il m'a informée que le taux d'intérêt serait de 5 % sur 5 ans… »

De plus, si jamais Josée se faisait déranger pendant son récit, elle aurait tendance à recommencer du début ! Cette longue réponse irriterait David le généraliste, car tout ce qu'il voulait savoir, c'était si oui ou non un emprunt était possible. David devrait alors s'armer de patience ou tenter de résumer le tout pour démontrer son écoute et sa compréhension. N'oublions pas que le type « généraliste » risque de se perdre dans tous les détails qui lui sont fournis. Il pourrait donc écouter d'une oreille distraite et ne pas saisir toutes les informations. De plus, le type « spécifique » pourrait y percevoir un désintérêt, ce qui n'aiderait nullement la relation, ni l'avancée du projet commun.

Prenons un autre exemple avec Josée, du type « spécifique », et David, du type « généraliste ». Ils discutent ensemble du changement de style de vie qui se prépare, car ils seront souvent en déplacement et vivront comme des nomades, tout en continuant à travailler à distance. David dit à Josée de ne pas s'en faire, car il s'est informé auprès d'autres personnes qui vivent en motorisé, et que c'est tout à fait possible de voyager tout en faisant du télétravail. Josée n'est pas satisfaite de cette réponse. Elle veut s'assurer que tous les détails soient revus à la loupe et que chacune de ses questions obtienne sa réponse. Où irons-nous ? Avons-nous des itinéraires précis ? Que ferons-nous en cas de bris mécanique ? Aurons-nous un accès Internet haute vitesse en tout temps ? A-t-on besoin d'une connexion sécurisée ? Combien coûteront nos communications cellulaires ? Etc.

Si les deux conjoints peuvent décrire leur mode de fonctionnement « J'ai besoin d'avoir tous les détails » ou « J'ai juste besoin d'un sommaire », cela facilitera les échanges. Il faut se rappeler que l'argent est un *amplificateur d'émotions*. Alors si, en plus, les partenaires ont chacun de leur côté l'impression de ne pas être entendus, leurs insécurités pourraient s'en trouver augmentées.

Dans un couple, il est donc important de se connaître soi-même et de connaître l'autre afin de réellement s'entendre et de s'ajuster au fur et à mesure de l'avancée des projets de vie.

En aparté, soulignons que les projets individuels ont également une influence sur le couple. Si nous concevons des projets communs, nous caressons également des projets individuels qui peuvent nécessiter de l'argent. À deux, vous pouvez décider que les projets individuels de chacun seront gérés financièrement par chacun ou alors qu'ils seront assumés par l'épargne du couple. C'est une bonne idée de prendre le temps de discuter de ces questions et de choisir en toute conscience comment votre équipe fonctionnera.

De plus, sur le plan de la communication et non seulement de l'argent, le spécifique et le généraliste doivent éviter quelques écueils. Je pourrais par exemple désirer épargner en vue d'effectuer une retraite spirituelle seule en Inde. Ce projet me ferait vivre diverses émotions, de la joie à l'anxiété, car plusieurs facteurs sont inconnus. Si je suis du type « spécifique », j'aurai besoin de tout documenter et d'en discuter de long en large pour me sentir prête à cette grande aventure. Si ma douce moitié est plutôt du type « généraliste », je pourrais me sentir vraiment seule dans toute cette préparation, et peut-être retarder la mise en action si je suis aussi du type « réaction ». À la limite, c'est peut-être aussi un rêve de vie que je risque de laisser tomber !

2. Comment réagissez-vous face au stress ?
C'est bien connu, il y a des gens qui résistent bien face à une situation stressante et d'autres qui ont beaucoup de difficulté à l'affronter. Si on prend l'exemple d'Audrey et de Sébastien qui doivent faire une dépense importante, il est possible que chacun réagisse au stress financier de façon totalement différente.

Imaginons qu'Audrey est du type « sentiment » ; elle aura tendance à être « associée » à ses émotions, et elle se remémorera ses expériences passées. Si celles-ci n'ont pas été vraiment positives, elle aura tendance à devenir stressée et à le demeurer longtemps. Sébastien, pour sa part, pourrait être du type « non émotif » et se sentir totalement « dissocié » des émotions d'Audrey. Cette dernière pensera alors que Sébastien n'a aucune empathie envers elle… ce qui est peut-être le cas !

Imaginons que les deux sont du type émotif et qu'ils ont beaucoup de difficulté avec le stress financier. La discussion deviendra très émotive et risque de perdurer de telle sorte que des conflits pourraient se dessiner. À l'opposé, si les deux ont tendance à être dissociés de leurs émotions, alors la discussion se limitera à des faits, et ils discuteront sans que le stress vienne affecter la communication.

Il est important de connaître le degré de résistance au stress de son partenaire pour adopter une bonne stratégie de communication. Une personne stressée aura besoin d'être rassurée, tandis qu'une autre qui se dissocie facilement des sources de stress aura avantage à cultiver son empathie. Les deux découvriront des bénéfices à comprendre que tout le monde ne réagit pas de la même façon. Il est donc d'autant plus important de bien connaître ses métaprogrammes pour s'assurer d'employer la meilleure façon possible de communiquer avec l'autre.

3. Relation : êtes-vous du style indépendant ou coopératif ?
Certaines personnes sont très indépendantes et préfèrent assumer toutes les responsabilités et prendre toutes les décisions. D'autres, en revanche, croient qu'il est essentiel que les décisions soient prises en collaboration. Et bien sûr, d'autres encore se trouvent à mi-chemin entre ces deux attitudes.

Josée et David ont discuté de leur projet d'acheter un motorisé. Josée est indépendante, alors que David est plutôt coopératif. Ce dernier veut discuter avec sa conjointe de ce projet commun et s'attend à ce que les décisions soient prises ensemble. Cependant, Josée pourrait très bien se lever un matin, se rendre chez le concessionnaire et acheter le motorisé sans même en aviser David. Comment se sentirait-il une fois mis devant le fait accompli ? Probablement qu'il ne serait vraiment pas content, possiblement frustré et déçu. Josée, en revanche, serait fière d'elle, car elle aurait pris la décision et serait passée à l'action. Dans sa tête, elle aurait posé le bon geste, car elle aurait concrétisé le projet commun.

Dans ce couple, il sera donc très important pour David de bien faire comprendre à Josée que le projet commun n'est pas seulement de posséder un motorisé, mais également de décider à deux des modalités et du processus d'achat. À l'inverse, David pourrait être du genre à ne pas être dans l'action ; ce serait alors grâce à la mise en action de Josée que leurs projets se réaliseraient. Encore une fois, il sera important de clarifier ensemble ce qui se passe, car le fait que les attentes de chacun soient respectées donne la latitude d'avancer dans les projets.

4. Canal de conviction : lequel de vos sens utilisez-vous pour la collecte d'informations ?

Dans la population en général, 55 % des gens ont une prédominance visuelle, 30 % auditive, 12 % sont du type « faire » et 3 % assimilent mieux l'information par la lecture. C'est donc dire que pour être convaincu de quoi que ce soit et prendre une décision, on peut avoir besoin :

- de voir (ou de lire) ;
- de faire ;
- d'entendre.

Il est donc très utile de connaître sa propre prédominance sensorielle, puis celle de notre partenaire pour utiliser le sens qui sera le plus adéquat. Il est en effet beaucoup plus difficile de convaincre un auditif si on ne fait que lui présenter des images, ou de convaincre un visuel si on ne fait que lui parler sans utiliser un support qu'il peut regarder.

Catherine et Éric parlent d'argent et se posent des questions sur leur budget et sur l'économie en général.

- *Catherine, qui a besoin de voir,* voudra consulter des données, des informations chiffrées. Elle pourrait, par exemple, être convaincue par une analyse présentée à la télévision dans laquelle les experts démontrent qu'un budget tient la route en dressant un tableau ou un graphique de revenus et de dépenses. Si les experts ne font que discuter en table ronde sans support visuel, Catherine ne sera pas convaincue. Alors, si Éric veut la persuader qu'elle peut s'offrir un gros achat, il devra lui en faire la démonstration avec des supports visuels. S'il n'utilise que des paroles, il aura fort à faire !
- *Éric, pour sa part, a besoin de faire* pour être convaincu de quoi que ce soit. Il vaut donc mieux pour lui qu'il établisse le budget, car il est celui qui a besoin d'agir pour se sentir à l'aise. À la limite, ils pourrait dresser un budget, puis les deux pourraient produire ensemble un graphique pour que Catherine voie ce qu'il en est.
- *Finalement, si un des deux partenaires d'un couple a besoin d'entendre* pour être convaincu de quelque chose, il ne sert à rien de lui présenter des graphiques, de l'inciter à lire des études ou de lui demander de dresser un budget ; il doit recevoir l'information oralement. Offrez-lui d'écouter des balados sur le sujet, demandez à un expert de lui parler de ces questions et expliquez vous-même verbalement votre point de vue.

Le fait d'*avoir besoin de voir ou de lire, d'entendre ou de faire* pour être convaincus est très important lorsque nous avons des discussions. L'argent étant un point sensible, il faut prêter attention à la manière dont l'autre trie l'information qui lui est transmise.

Après ce court aperçu de quelques métaprogrammes de la PNL et de leur importance dans la communication en couple, il y a une autre dimension à considérer dans notre façon de communiquer. Voyons ce qu'il en est.

Êtes-vous visuel, auditif ou kinesthésique ?

La PNL nous enseigne également que chaque individu a son propre système de représentation interne. Ainsi, les personnes du type visuel penseront en utilisant des images, alors que les auditifs se serviront des sons. Prenez le temps d'écouter les mots utilisés par les gens, par votre partenaire de vie. Un visuel utilisera des expressions comme «Je vois», «C'est clair» et demandera de regarder des images, des tableaux. Un auditif, pour sa part, utilisera des expressions comme «Ça me parle», «J'entends ce que tu dis» et demandera qu'on discute avec lui au lieu de lui montrer des choses.

Il existe aussi une autre catégorie de personnes qu'on appelle les kinesthésiques. En effet, certains perçoivent les choses avec leur ressenti, et il est important pour eux d'avoir un sentiment positif face à une situation. Par exemple, dans un couple qui a une discussion sur l'argent et où l'une des deux personnes est du type kinesthésique, il faudra s'assurer de créer une belle ambiance, de choisir un bon moment, de se trouver dans une pièce où elle se sent bien parmi des meubles confortables, etc., avant d'entamer la discussion. S'il y a de bonnes vibrations et une énergie positive, la personne kinesthésique se sentira bien émotivement et sera beaucoup plus ouverte à la discussion.

Rappelez-vous que lorsqu'il y a désaccord ou confrontation, vous devez vous assurer que votre message est livré de la bonne façon et dans le contexte approprié afin que l'autre le comprenne et l'apprécie.

Ce que sont les archétypes

Les archétypes offrent une autre façon de se connaître et de comprendre sa manière d'envisager les questions d'argent. Au début du 20e siècle, le psychanalyste Carl Gustav Jung a appelé « archétype » tout ce qui organise et structure l'ensemble des processus psychiques inconscients de l'être humain. J'ai été influencée par l'œuvre de ce grand psychanalyste pendant mes études en psychologie et, d'une certaine façon, on peut dire qu'il a guidé ma pratique. Il est un pionnier de la compréhension du psychisme de l'être humain.

Pour Jung, une part de nous est consciente et composée de nos pensées, de nos émotions et de nos sensations, tandis qu'une autre part perçoit les choses de manière inconsciente. À cela s'ajoute ce que Jung appelle l'inconscient collectif, qui se traduit par des similitudes que nous partageons tous. Les archétypes dont je souhaite vous parler se trouvent dans l'inconscient collectif. Ce sont des modèles de comportement qui renforcent nos façons d'être ; ils sont en quelque sorte des moules qui guident les actions, les pensées de chacun d'entre nous.

Les archétypes sont les inclinations naturelles avec lesquelles nous sommes nés, notre façon unique de penser, de réfléchir et de percevoir le monde. Ils reflètent la personnalité des individus et leurs motivations. La personnalité a une incidence directe sur les perceptions, les croyances et les attitudes que l'on a. Il va sans dire que le concept d'archétype a été revu, utilisé et interprété de plusieurs façons au fil du temps.

Certains tests existent pour vous aider à découvrir votre archétype financier, mais je préfère vous présenter les 12 archétypes de Jung tels qu'il les a proposés, puis vous donner des définitions personnelles tirées de mon expérience professionnelle lors de mes accompagnements en coaching, tout en tentant de faire des liens avec la gestion des finances.

Avez-vous l'impression d'être guidé par vos peurs, par vos insécurités ? Avancez-vous dans la vie avec confiance et optimisme, comme c'est le cas dans la gestion de vos finances ? Êtes-vous du type économe ou du type dépensier ? Devenez-vous angoissé dès qu'il est question d'argent ou entrevoyez-vous l'avenir avec sérénité ? Et qu'en est-il de tout cela pour votre partenaire de vie ?

On relève le défi ? Amusez-vous à identifier l'archétype qui vous représente, et faites-en aussi un exercice de couple, pourquoi pas ?

Le sage

Le but du sage est de comprendre, d'acquérir des connaissances. Ses valeurs sont celles de la vérité, les fondements de la connaissance qui s'appuie sur la réflexion.

Dans un contexte de gestion des finances, une personne influencée par cet archétype voudra, par exemple, comprendre la nature des placements et leur éventuelle rentabilité. Elle aura besoin d'un temps de réflexion pour soupeser le pour et le contre des choix qui s'offrent à elle. Elle souhaitera faire une analyse qui s'appuiera sur des connaissances ou des statistiques. Sortez vos graphiques, vos statistiques : cette personne cherchera à atteindre ses objectifs financiers en connaissant tous les dessous de la question.

L'innocent

Son but est la recherche du bonheur. Il est positif et confiant. Ses valeurs sont tournées vers ce qui est positif; il considère que le verre est toujours à moitié plein.

Dans un contexte de gestion des finances, on peut penser que cet archétype sera optimiste, voire idéaliste. Il peut être impressionnable, et, en couple, il fera l'effort de faire plaisir à l'autre pour un bonheur et une vie paisibles. Il sera généralement conservateur dans ses choix financiers.

L'explorateur

Son but est la découverte. Un désir de découvrir de nouvelles personnes, de vivre de nouvelles expériences. Il est l'aventurier. Ses valeurs? La découverte et l'aventure.

Dans un contexte de gestion des finances, cette personne aura fort probablement le goût de l'aventure et des découvertes. Elle se remettra facilement en question et se fixera de grands objectifs financiers qui lui permettront de sortir de sa zone de confort. Rester dans ses pantoufles trop longtemps la rendra anxieuse.

Cela pourrait être un type d'individu qui cherche à économiser en vue d'un prochain voyage. Mais il pourrait aussi oublier d'assurer sa sécurité financière pour ses vieux jours. Il est également possible que l'explorateur ait un idéal qu'il ne parvient pas à satisfaire en voulant toujours plus ou en croyant qu'il peut avoir mieux.

Le dominant

C'est un leader naturel; il possède une vision et est capable de voir les choses dans leur ensemble. Ses valeurs sont tournées vers la stabilité, l'excellence et l'influence sur les autres dans le but que ces derniers le suivent.

Dans un contexte de gestion des finances, cet archétype voudra être en maîtrise de ses finances personnelles. Gestionnaire né, il prend à sa charge les responsabilités du couple.

Le créateur

C'est un être imaginatif. Il a la capacité de concevoir et de transformer les choses. Il apprécie l'originalité et aborde tout de manière unique. Ses valeurs sont axées sur le plaisir, le non-conformisme et l'autosuffisance.

En gestion des finances, quelqu'un ayant cet archétype sera imaginatif quant à la façon d'arriver à ses fins, tant pour économiser que pour investir. Il regardera en dehors du cadre pour trouver diverses solutions. Il peut toutefois être rêveur et, dans ce cas, il aura de la difficulté à concrétiser ses projets.

L'ange gardien

Il a naturellement de l'empathie et est très généreux. Il veut prendre soin des autres, parfois au risque de s'oublier. Sa valeur principale est celle de la protection envers autrui.

Dans un contexte de gestion des finances, cet archétype voudra protéger ses proches. Il peut également avoir une certaine crainte d'être exploité. On dit souvent de lui qu'il est un sauveur.

Le magicien

Il cherche à grandir et à se connecter à l'Univers pour relever différents défis. Il est du type ésotérique ou spirituel. Il croit au pouvoir de l'attraction et de la pensée positive.

Dans un contexte de gestion des finances, cet archétype aura confiance que la vie lui apportera ce dont il a besoin. Il peut être mystérieux ou difficile à comprendre pour les autres, notamment pour les gens du type rationnel, car il échappe un peu à toute catégorisation.

Le héros

Il recherche l'admiration et la reconnaissance de la part de son entourage. Il aime être sous les feux des projecteurs. Sa principale valeur est le pouvoir. Il recherche des défis et peut se battre pour des causes qu'il considère comme justes.

Dans un contexte de gestion des finances, cet archétype se définit surtout par ses avoirs. Il recherche l'admiration des autres. Il pourrait aussi s'engager dans la défense des plus faibles par des contributions financières à certaines causes.

Le hors-la-loi

À l'inverse du héros, le hors-la-loi se moque des autres et de leur jugement. Il a confiance en ce qu'il ressent à tel point qu'il peut arriver qu'il n'en fasse qu'à sa tête. Il n'est pas rare qu'il brave les interdits. Il peut être perçu comme un rebelle.

Dans un contexte de gestion des finances, cet archétype utilise des moyens téméraires pour atteindre ses objectifs financiers. Il fera, par exemple, des placements risqués.

L'amoureux

Voilà un être sensible et avant tout guidé par ses sentiments. Il est attiré par l'engagement et donne la priorité à l'autre. Il souhaite se sentir aimé ; il aime la beauté et tout ce qui est esthétique.

Dans un contexte de gestion des finances, cet archétype pourrait faire des choix dans le but de plaire à son partenaire ou pour éviter un rejet de sa part. Par amour, il pourrait aussi prendre des décisions financières irréfléchies.

EXERCICE – À DEUX, SOMMES-NOUS COMPATIBLES FINANCIÈREMENT ?

Vous êtes-vous reconnu dans l'un ou plusieurs de ces archétypes ? Et avez-vous reconnu votre partenaire de vie ? L'être humain étant complexe, il est possible que vous vous retrouviez dans plus d'un archétype. Chaque individu peut avoir des archétypes multiples qui influencent sa personnalité, ses comportements et sa perception du monde. Par exemple, une personne pourrait avoir un fort archétype « héros » qui la pousse à chercher des défis et à se battre pour des causes justes, tout en ayant également un archétype « sage » qui valorise la connaissance et la réflexion.

Les archétypes peuvent varier en intensité et en dominance chez chaque individu, et ils interagissent souvent pour façonner la personnalité d'une personne de manière complexe et unique.

Cependant, il y a des traits dominants. Si c'est difficile pour vous de trouver l'archétype qui vous représente, procédez par élimination. Vous identifierez mieux par la suite ce qui vous fait vibrer, par exemple prendre soin des autres (l'ange gardien) et créer de la richesse (le créateur). Vous pourrez ainsi mieux cibler ce qui vous correspond et constaterez que même si vous vous retrouvez dans deux archétypes, certaines similitudes sont présentes. Par exemple, l'ange gardien voudra s'assurer de créer de la richesse même après sa mort, il économisera donc pour en laisser à sa descendance en investissant dans un parc immobilier qui lui survivra (le créateur).

Toutefois, à l'inverse, vous ne pouvez pas vous retrouver dans deux archétypes opposés, par exemple le hors-la-loi et l'ange gardien. Si tel est le cas, je vous suggère de faire ou de refaire l'exercice concernant les valeurs, À deux, une discussion autour de six valeurs de notre couple, dans le chapitre 2.

Ensuite, voyez vos archétypes respectifs à deux. Êtes-vous compatibles financièrement ? Vous prendrez ainsi conscience des motivations qui guident vos actions ou vos inactions, et vous pourrez vous exprimer selon votre archétype dans toute situation.

CHAPITRE 7

CINQ STRATÉGIES GAGNANTES POUR FAVORISER L'HARMONIE FINANCIÈRE DE VOTRE COUPLE

Dans une relation amoureuse,
il faut être vraiment prêt à tout.
Un bonheur est si vite arrivé.

Jacques Salomé

À ce stade de cet ouvrage, j'ai envie de vous faire part de cinq stratégies gagnantes en matière de finances qui auront assurément un effet positif sur votre couple. En connaissant ces stratégies, vous avancerez sereinement et vous serez à l'aise de discuter de sujets plus ou moins délicats concernant les aspects financiers de vos projets et de votre quotidien.

J'insiste sur ce fait: que nous soyons un homme ou une femme, nous sommes des humains, et donc des individus distincts, avec nos propres différences et surtout nos perceptions uniques. Rappelez-vous les trois lois dont je vous ai parlé au chapitre 2, soit la loi universelle, la loi sociale et la loi individuelle. Ici, c'est la loi individuelle qui prévaut et invite chacun à être et à penser comme il le désire. Toutefois, pour vous permettre de vivre une relation de couple épanouissante en matière de biens et d'argent, les stratégies qui suivent vous donneront un bon coup de main.

Première stratégie : tirez parti de vos traits de personnalité respectifs

Lorsqu'un sujet délicat comme l'argent est abordé, les traits de personnalité de chacun ont un impact sur l'allure des conversations et l'ambiance dans laquelle celles-ci se déroulent. Ainsi, le comportement et l'attitude de chacun aident ou nuisent à la recherche de solutions. Voyons quelques exemples.

Imaginons un couple composé d'une personne très proche de ses émotions, extravertie, qui exprime facilement son ressenti, et d'une autre, introvertie, qui est distante et qui s'exprime peu émotionnellement ; on peut supposer qu'il est assez difficile pour cette dernière d'identifier et de décrire les émotions et les réactions qui l'habitent. Ainsi, ces traits de personnalité contraires pourraient intensifier d'éventuels désaccords sur la façon de dépenser l'argent, puisque les arguments généreront des réactions émotives chez la personne extravertie et un comportement perçu comme de la fermeture ou même de l'indifférence chez la personne introvertie.

Regardons maintenant la différence de réactions entre une personne très spontanée et une autre très organisée. La première voudra réagir aux situations nouvelles, s'y adapter, partir en voyage sans planifier, avec un baluchon sur l'épaule, parfois même sans réserver de chambre d'hôtel. Au contraire, la seconde cherchera à tout planifier : réserver la chambre, prévoir les activités, établir un budget, etc.

La communication entre elles sera très intéressante, car elles ont des types de personnalité opposés: l'organisée aura fort à faire pour contenir la personne spontanée, particulièrement si cette dernière a la croyance que «l'univers lui envoie toujours tout ce dont elle a besoin». De plus, imaginons qu'un des deux partenaires a une tendance à réagir promptement, tandis que l'autre a une personnalité plus tolérante, ou alors qu'une des deux est très affirmative et démonstrative, tandis que l'autre est plus conciliante et discrète: cela entraînera probablement des communications particulières.

Nous devons être conscients que plusieurs types de personnalité peuvent composer un couple et que cela aura une influence sur l'allure des conversations: pensons à la personne anxieuse ou très résistante au stress, à celle qui est sensible à la critique ou non, à celle qui recherche le confort avant tout, à celle qui adore le changement, etc.

Il est donc important d'entendre ce qui est exprimé en prêtant attention à la personnalité de l'autre et au choix de ses mots (rappelez-vous la PNL) quand on souhaite aborder des sujets épineux tels que la gestion des finances, quand on veut résoudre des problèmes et trouver des avenues communes pour les projets financiers. Toutefois, soyez attentif, n'en demandez pas trop à l'un de vous. L'expression «mettre de l'eau dans son vin» est intéressante, mais elle peut aussi nuire, bien qu'elle nous rappelle la nécessité de la conciliation entre deux personnes. Le danger est alors de créer de l'insatisfaction chez celui qui... adore le bon vin et ne désire pas le diluer avec de l'eau!

Le mieux est donc de chercher des solutions aux problèmes dans l'harmonie et le respect, tout en discutant de plusieurs options, ou d'établir des projets ensemble après avoir pris le temps de discuter des avantages et des inconvénients en se respectant et en tenant compte des croyances et des valeurs de son partenaire. Par exemple, la personne spontanée qui désire partir en voyage avec seulement un baluchon et son partenaire, qui veut tout organiser, pourraient opter pour un entre-deux, soit un voyage semi-organisé comportant des moments planifiés et d'autres non planifiés qui leur laisseront une marge pour faire des folies.

Deuxième stratégie : adaptez vos communications

Tout d'abord, lorsque nous communiquons avec notre partenaire, il est important de tenir pour acquis que personne n'a d'intentions négatives à la base (ni soi ni l'autre), et que chacun voit sa position avec ses propres filtres. Il faut aussi garder en tête que des conflits non résolus peuvent laisser des cicatrices durables qui se rouvriront lors de discussions subséquentes. Il vaut donc toujours mieux aller au fond des choses et ne pas avoir de contentieux à régler.

Nous avons identifié aux chapitres 2 et 6 certaines situations susceptibles de devenir problématiques dans un couple lorsque les croyances, les valeurs ou les métaprogrammes diffèrent. Voyons maintenant quels sont les autres enjeux de communication qui peuvent survenir.

Un des principes importants de toute communication est de comprendre qu'elle se divise en trois compétences :

Écoute – Compréhension – Réponse

Malheureusement, au moins une des trois est souvent défaillante chez la majorité des gens. Combien de fois entendons-nous dire : « Tu ne m'écoutes pas », « Tu ne comprends pas ce que je te dis», «Laisse-moi finir de parler»? Plus la discussion touche un point délicat (comme l'argent), plus le ton peut monter et moins on se comprend.

- L'écoute est un réel défi, car elle demande de l'ouverture envers les arguments de l'autre et du respect pour la personne qui exprime une opinion différente de la nôtre.
- Pour ce qui est de la compréhension, il faut d'abord savoir bien écouter, et ce n'est pas toujours facile, car nous nous comprenons en traitant l'information à travers *nos* filtres, soit *nos* métaprogrammes, *nos* croyances et *nos* valeurs, pas nécessairement ceux de notre partenaire.
- Que dire maintenant de nos réponses? Nous nous exprimons avec des mots qui peuvent résonner ou non chez l'autre, un ton de voix plus ou moins chaleureux, des gestes pour soutenir ou non nos dires, qui peuvent influencer le sens de nos propos, et des réactions non verbales insoupçonnées; tout cela sous l'influence de nos traits de personnalité.

Albert Mehrabian, psychologue et professeur de psychologie à l'Université de Californie, a popularisé ce que nous nommons la loi des 3V (pour verbal, vocal, visuel) ou règle 7-38-55, qui fait référence à la communication émotionnelle. Cette règle suggère que, dans les situations de communication, les mots employés représentent 7% de notre appréciation (le verbal), la tonalité et les intonations comptent pour 38% (la voix) et le langage corporel compte pour 55% (le visuel[11]).

Pratiquer l'écoute

Il n'y a aucune conversation possible lorsqu'il n'y a pas d'écoute. L'écoute vit dans l'espace que vous vous donnez et dans celui que vous accordez à l'autre.

Tout d'abord, il y a l'écoute de soi, celle qu'on a envers ses ressentis, ses projets et ses réalisations. Souvent, on s'impose des limites, on ne reconnaît pas ses besoins ou ses aspirations, ou pire, on ne s'écoute pas. Combien de fois notre petite voix intérieure nous a-t-elle fait pressentir quelque chose que nous n'avons pas écouté ? Pour arriver à cette écoute envers soi-même, il convient de se mettre dans un état que j'appelle « extraordinaire ». Il faut se reconnaître comme « extraordinaire » et aimer la personne « extraordinaire » que l'on est.

Après s'être reconnu comme « extraordinaire », on peut reconnaître l'autre comme l'étant également, ce qui favorise l'écoute, même si ses propos ne vont pas nécessairement dans le sens des nôtres. Pratiquer le non-jugement envers soi-même pave la voie à une ouverture réelle envers l'autre.

Vous n'écoutez pas quand :

- vous avez déjà une conversation dans votre tête alors que votre interlocuteur vous parle ;
- vous avez déjà la réponse à ce que l'autre dit ;
- vos propos vous semblent plus intéressants que les siens ou quand vous pensez être plus important ou intéressant que la personne avec qui vous parlez ;
- vous vous sentez confronté par les propos de l'autre ; votre ego prend le dessus et vous commencez à penser en termes de gagnant ou perdant. En couple, vous êtes une équipe, souvenez-vous donc que vous êtes soit deux gagnants, soit deux perdants.

Connaissez-vous le bâton de parole ? Je vous présente le mien, que j'utilise dans ma vie de couple et qui nous a été offert par ma belle-maman Louise Gingras ; c'est un super cadeau à se faire ou à recevoir. Originaire des traditions des peuples autochtones d'Amérique du Nord, le bâton de parole sert à réguler la parole au sein d'un groupe en privilégiant l'ordre et le respect. Il favorise l'ouverture à l'autre et une écoute attentive. Celui qui tient le bâton dans sa main a le droit de parler sans être interrompu. L'autre (ou les autres, car cela peut être utilisé en famille ou en groupe) doit écouter dans le plus grand respect et le plus grand silence. Lorsque le détenteur du bâton de parole estime n'avoir plus rien à dire, il le fait circuler. Celui qui le tient a donc le pouvoir des mots, et il peut parler avec son cœur, avec un esprit ouvert et dans l'authenticité.

Nous voyons donc que la communication n'est pas toujours évidente, pas toujours facile, et qu'il est tout simplement normal que ce que nous exprimons ne soit pas toujours compris par nos interlocuteurs, ou par notre partenaire de vie. Les gens ne donnent pas nécessairement la même signification aux mots, et plus le ton monte, plus la communication devient difficile. Notre ego prend parfois le dessus et notre corps exprime des choses que nous ne contrôlons pas.

Parler d'argent avec son conjoint

Évidemment, il n'y a pas de recette unique pour discuter d'argent en amoureux, mais il y a certainement des avantages à développer sa compétence de la méthode Écoute-Compréhension-Réponse et à connaître ses propres métaprogrammes et ceux de l'autre. Gardez ceci en mémoire :

Je vois ? J'entends ? Je ressens ?

- Si la personne avec qui vous avez une discussion est visuelle, elle vous comprendra beaucoup mieux si vous employez des expressions comme : je *vois* ce que tu veux dire, je vais te *montrer* ma façon de penser, je vais t'*illustrer* mes propos, etc.
- Si la personne est auditive, optez plutôt pour des phrases comme : j'*entends* ce que tu me dis, ça me *parle*, on est en *accord*, bien *entendu*, etc.
- Dans le cas du kinesthésique, on est dans le domaine du ressenti, alors des expressions comme celles-ci favoriseront le dialogue : je *sens* que tu n'es pas d'accord, ça me *touche* qu'on ne *sente* pas la situation de la même manière, notre couple est *solide*, gardons les *pieds sur terre*, etc.

Rappelez-vous que l'intonation de la voix est très importante (elle compte pour 38 % d'une communication). Alors, si vous optez pour un ton posé, il est évident que vous recevrez une meilleure écoute de la part de l'autre que si vous haussez le ton.

Imaginez que vous élevez la voix et que vous employez de mots appropriés pour un type visuel alors que votre interlocuteur est auditif, que vous faites des gestes et que votre expression non verbale est négative : vos chances de convaincre l'autre et de conclure une entente sont presque nulles.

Un autre aspect fort important de la communication est de bien connaître le champ de perception de la personne, soit « spécifique » ou « général », selon ce que nous avons vu au chapitre 6 sur les métaprogrammes. Prenez le temps de réfléchir à cela, tant en ce qui vous concerne qu'en ce qui a trait à votre conjoint.

Un autre danger guette la majorité des gens, on l'appelle le jugement. En effet, lorsqu'une personne a des croyances ou des valeurs différentes des nôtres, des métaprogrammes qui sont à l'opposé des nôtres, il est tentant et facile de la juger, en particulier si nous avons un gros ego.

Dans une communication, il n'est pas nécessaire de gagner à tout prix. Le respect de l'autre est très important, et chacun doit faire un effort pour comprendre que chaque personne est différente, pense différemment et s'exprime différemment, etc. Rappelons-nous aussi que chacun a ses propres filtres.

À propos des filtres

En programmation neurolinguistique (PNL), il existe ce que nous appelons des présupposés ; ce sont des principes qui nous permettent de fournir une référence stable. En voici deux qui sont particulièrement pertinents dans le cas d'une discussion concernant l'argent.

1. On ne peut pas ne pas communiquer. Tous les comportements disent quelque chose, y compris les silences. Nous communiquons donc continuellement, que nous le voulions ou non.
2. La carte n'est pas le territoire. Nous avons tous une représentation de la réalité qui nous est propre, mais qui n'est pas la réalité elle-même. Chacun voit l'autre, les autres, les choses, la vie selon sa propre perception. Si nous regardons une carte routière, nous avons une bonne idée du trajet, mais chacun l'imaginera à sa façon et découvrira le territoire à sa manière.

Troisième stratégie : calmez votre état d'esprit et aiguisez vos perceptions

Il est important que chacun soit dans le meilleur état possible avant de commencer à discuter d'argent. Si vous avez eu une journée stressante, que vous êtes fatigué, que vous sentez que vos émotions sont à fleur de peau, vous n'êtes pas dans un état optimal pour discuter d'un tel sujet. Choisissez votre moment, celui qui vous convient à tous les deux, et établissez une ambiance propice à l'harmonie entre vous.

Plusieurs couples évitent d'aborder le sujet de l'argent parce qu'ils craignent d'être en désaccord l'un avec l'autre ; ils repoussent donc le moment d'en discuter. D'où vient cette peur ? Évidemment, elle provient du fait qu'au moins un des deux partenaires pense ou sait que l'autre n'aura pas la même opinion, les mêmes croyances ou les mêmes valeurs que lui, et que tout pourrait dégringoler rapidement.

Une solution consiste à vous préparer en adoptant une attitude positive et en imaginant à l'avance que la fin de la conversation satisfera les deux membres du couple.

Finalement, notre façon de percevoir notre partenaire (ses opinions) influence grandement nos échanges quand vient le temps de discuter de dépenses. Nos perceptions négatives de l'autre sont accentuées quand il y a des désaccords, lorsque les peurs prennent le dessus ou qu'on se construit des scénarios catastrophiques.

Au cours de mes études en psychologie, j'ai entendu une histoire qui démontre bien que notre état d'esprit a un impact sur notre relation amoureuse, sur notre perception de l'autre et sur notre façon d'aborder certains sujets.

> Un jour d'hiver sous une fine neige, un homme en auto décide de prendre un raccourci en passant par un chemin de campagne, même s'il n'apprécie pas ce genre de route. Cela, croit-il, lui fera gagner du temps. Malheureusement, arrivé à mi-chemin, il perd la maîtrise de son véhicule et les deux roues du côté passager s'enlisent dans la neige ; il se retrouve pratiquement dans le fossé. N'ayant pas de pelle, il décide de marcher jusqu'à une ferme pour demander de l'aide. En colère à cause de sa conduite maladroite, il se répète pendant tout le parcours que les fermiers ne sont pas si aimables et qu'ils ne l'aideront certainement pas. Arrivé à la porte d'une maison de ferme, il se décide à sonner. Un homme ouvre la porte, lui sourit gentiment et lui demande ce qu'il peut

faire pour lui. Notre homme, s'étant imaginé un scénario contrariant dans sa tête, répond alors au fermier qu'il peut bien faire ce qu'il veut de sa pelle !

Cette histoire illustre que nous pouvons nous créer des scénarios, et que cela explique parfois notre fermeture à l'autre, alors que nous lui prêtons à tort de mauvaises intentions. Dans ces moments, ce sont nos propres gestes ou nos pensées qui interfèrent dans notre réflexion et que nous attribuons à l'autre.

Ainsi, avant d'adresser des reproches à votre conjoint pendant une conversation sur un sujet d'ordre financier ou matériel, prenez un pas de recul afin de considérer votre état. Par la suite, regardez votre façon de percevoir l'autre, surtout lors de désaccords, car nos perceptions sont accentuées dans ces moments. Si vous considérez votre partenaire comme très pointilleux, vous pourriez être tenté de ne pas lui présenter votre outil de gestion des dépenses, de peur de recevoir des reproches quant au fait qu'il n'est pas assez détaillé ; à l'inverse, vous pourriez alourdir inutilement votre tâche, croyant répondre à des exigences que vous attribuez à l'autre.

Changez votre perception, car le fait de voir une qualité chez l'autre et non un défaut vous amènera à utiliser des mots plus appropriés à la situation, un ton de voix chaleureux, et votre non-verbal projettera des messages positifs. Vous deviendrez ouvert à l'échange et à la personne devant vous. Ainsi, un sujet délicat comme la gestion des finances laissera place aux opinions, aux besoins et aux visions de chacun.

Quatrième stratégie : vivez votre vie, pas celle des autres

Certaines personnes ont tendance à se comparer aux autres afin de définir leur bonheur ou leur malheur. Il peut être sain de se comparer pour s'intégrer dans un groupe, pour évoluer ou pour se connecter à l'autre sous la forme d'une empathie profonde. La capacité à ressentir de la résonance avec autrui à l'âge adulte est souvent le résultat d'une maturation émotionnelle et sociale.

Du temps des hommes des cavernes, la comparaison était même une question de survie. Toutefois, quand la comparaison devient source d'envie, ou de jugements négatifs sur soi ou les autres, cela a un impact sur l'estime de soi parce que nous cherchons ainsi à réduire nos insécurités.

La comparaison peut puiser son origine dans notre éducation (comparaison entre frères et sœurs, ou avec des amis, des copains de classe). À l'école, elle sert alors à s'évaluer en fonction de la moyenne du groupe. Il faut savoir que les comparaisons peuvent devenir destructrices et susciter un mal-être quand, une fois que nous sommes adultes, elles définissent qui nous sommes, ce que nous voulons ou ce à quoi nous aspirons.

La comparaison peut avoir des effets négatifs sur notre bien-être émotionnel et mental. Lorsque nous nous comparons constamment aux autres, en particulier de manière défavorable (en nous jugeant comme inférieurs ou en ressentant de la jalousie), cela peut entraîner plusieurs problèmes :

1. Baisse de l'estime de soi : nous comparer aux autres peut nous amener à nous sentir moins compétents. Cela peut même entraver notre confiance en nous-mêmes.

2. Anxiété et stress : la comparaison constante peut engendrer de l'anxiété, du stress et même de la dépression, car nous nous sentons incapables de répondre à des normes ou à des attentes que nous percevons chez les autres.
3. Déception et insatisfaction : en nous concentrant sur les réussites ou les possessions matérielles des autres, nous pouvons nous sentir déçus de notre propre situation, ce qui peut engendrer un sentiment d'insatisfaction permanente.
4. Diminution de la gratitude : nous comparer peut nous faire oublier les aspects positifs de notre propre vie et nous rendre moins reconnaissants pour ce que nous avons.
5. Altération des relations : la comparaison constante peut créer des tensions dans les relations interpersonnelles, car elle mène souvent à des sentiments de rivalité ou de jalousie.

La comparaison est parfois présente au sein du couple. Elle peut créer inutilement des tensions et avoir un impact sur la dynamique relationnelle. Pour éviter cette situation, il est essentiel de cultiver la confiance mutuelle et la communication ouverte, et de souligner l'appréciation des qualités uniques de chacun des partenaires. Dans les faits, se comparer à son conjoint peut vraiment nuire au bonheur commun. Et c'est la même chose si un couple se compare à d'autres couples.

Un couple que je voyais en consultation appréhendait l'arrivée de la retraite. L'insécurité principale de l'homme et de la femme était liée à l'état des finances. Ils se demandaient si leurs économies allaient être suffisantes pour leurs vieux jours. Nous avons rapidement réglé cette question grâce à un planificateur financier qui leur a préparé des projections. Toutefois, leur appréhension persistait. D'où venait-elle ? Au cours d'une rencontre, l'épouse a dit à son mari : « Je sais que tu aimerais avoir un condo en Floride, mais moi, cette idée ne me rejoint pas. » Et le mari a alors répondu à sa femme : « Ce n'est pas non plus une idée qui me tente vraiment. J'y ai pensé parce que des milliers de retraités le font. » Par cette simple franchise, ils venaient de dénouer leur problème.

Se comparer, c'est s'imposer (ou imposer à l'autre) une pression de performance en s'éloignant de ce qu'on désire vraiment. Dès que vous vous comparez à quelqu'un, vous cessez d'être dans le moment présent, d'être dans votre réalité et dans celle de votre couple. Cette connexion au présent est importante, car c'est elle qui permet de percevoir nos propres désirs et nos besoins. Vous n'êtes plus la même personne que vous étiez il y a 10 ans. Ni votre douce moitié. Ni même l'histoire de votre couple. Ce qui est important, c'est votre regard actuel, votre regard en tant qu'adulte qui peut trouver ses propres repères et non ceux inculqués par l'éducation, la société, les autres. Cessez donc de vous comparer. Vivez votre vie… et votre vie à deux !

Pour y arriver, voici quelques trucs :

- Aussitôt que vous ressentez le besoin d'avoir l'avis des autres, de faire comme les autres ou que vous avez du mal à prendre une décision, prenez un pas de recul. Dans mon exemple précédent, le mari a fini par se demander si le fait de voir des retraités partir en Floride était un modèle pour lui, au lieu de persister à penser que c'était la seule voie.

- Après ce pas de recul, placez-vous en observateur afin de comprendre les motivations de cette comparaison, par exemple : « Les retraités passent leur hiver au chaud en Floride. »
- Par la suite, toujours suivant vos observations, placez-vous en mode conseil envers vous-même afin de pousser plus loin vos réflexions : « À mon avis, que ferais-je dans cette situation ? » ; « De quoi ai-je réellement le goût à ma retraite ? » ; « Qu'est-ce qui peut arriver de pire si je prends cette décision financière, par exemple ? »
- Prenez des notes et revenez-y au cours des jours suivants. Vous obtiendrez tôt ou tard des réponses à vos questions, et vous pourrez ensuite avancer selon vos choix, vos désirs et votre budget.

Si vous avez encore le goût de passer à côté de votre vie, j'aimerais vous dire que la publicité se sert abondamment de la comparaison pour vous décider à agir, et cela parfois au détriment de votre capacité financière. C'est aussi un des éléments de la finance comportementale. Afin d'éviter d'être malheureux ou d'être impulsif, prenez confiance en vous et en votre couple et écrivez votre histoire. Cela renforcera davantage votre connexion émotionnelle et vous vivrez une relation plus saine et épanouissante, alignée sur vos objectifs de couple et individuels. Votre sentiment de réalisation et d'actualisation, ce désir fondamental de croissance personnelle et de développement de son potentiel, le plus haut sommet de la pyramide de Maslow (que nous avons vue au chapitre 5), s'en trouvera comblé et votre santé mentale aussi. C'est l'état où une personne se sent en harmonie avec elle-même et son environnement, recherchant continuellement la réalisation de ses aspirations les plus profondes. Alors imaginez quand les deux partenaires du couple sont alignés sur leur plein potentiel, sur leur unicité, sur ce qui fait d'eux la meilleure version d'eux-mêmes à quel point ils peuvent former une équipe forte qui avance à l'unisson, malgré les mésententes possibles, car nous ne sommes pas au pays des licornes.

Quand vous vous comparez à un autre couple, n'oubliez jamais que vous ne voyez que ce que les gens veulent bien montrer. Vous ne pourrez jamais contempler entièrement un iceberg ni non plus l'entièreté de ce qui se passe entre deux personnes.

Cinquième stratégie : repérez la place que prend votre ego

Dans les stratégies précédentes, nous avons fait allusion à la comparaison, au jugement et au besoin de gagner à tout prix, ce qui nous amène à l'importance de l'ego dans la relation avec l'autre et les autres. Évidemment, l'ego est un sujet très vaste, et nous l'abordons ici dans le but de vous donner des pistes de réflexion sur son impact sur le couple, plus particulièrement quand il est question d'argent.

L'ego aime bien se comparer, alors il se juge toujours comme meilleur ou moins bon que l'autre. Si l'on se sent inférieur ou supérieur, on peut être certain que l'ego est présent. Lorsqu'un couple discute d'argent, rappelons-nous que chacun s'exprime et comprend l'autre selon ses valeurs, ses croyances, ses métaprogrammes, ses traits de personnalité… et aussi selon la grosseur de son ego !

En effet, même si la plupart de ces éléments sont en harmonie, il peut arriver que l'ego démesuré de l'un ou de l'autre mène vers une tangente nocive dans les discussions. De même, un ego de victime n'aide pas davantage.

André et Dominic discutent de projets de retraite, et l'idée de passer leurs hivers en Floride fait surface. Est-ce que cette possibilité est soulevée par leurs centres d'intérêt et leur désir de s'éloigner de la neige ou est-ce plutôt dans le but d'imiter un couple d'amis ou de parents fortunés en démontrant qu'eux aussi ont les moyens de vivre à l'extérieur du pays ? Dans la deuxième optique, ce serait l'ego qui dirigerait la conversation.

Si les partenaires ont tous les deux un ego fort et tendance à vouloir épater la galerie, ils risquent de prendre des décisions qui mettront leur avenir en péril. Si un des deux a l'ego gonflé, comment réagira l'autre ? Est-ce qu'il acceptera que son partenaire fasse une dépense qui va au-delà du budget juste pour faire de l'épate ? Il est possible que, par manque de moyens financiers, la décision raisonnable soit de ne pas aller en Floride. En revanche, comment réagira une personne qui a un ego de victime ou fragile devant une telle décision ? Se plaindra-t-elle de la situation, allant même jusqu'à mettre sur le dos de l'autre le fait que le couple n'ait pas les moyens financiers nécessaires pour passer ses hivers au chaud ?

Prenons l'exemple d'Audrey et de Michel. Audrey gagne plus que son conjoint. Rappelons-nous que, dans la société actuelle, les hommes occupent souvent des emplois mieux rémunérés. Dans ce contexte, notre couple vit une situation particulière. Et selon l'ego de chacun, cela pourrait générer une dynamique de communication difficile causée par des croyances basées sur des paradigmes sociaux.

Aujourd'hui, certains hommes restent à la maison avec les enfants, alors que leur conjointe travaille et touche le plus gros revenu. Il peut toutefois y avoir un certain malaise lorsque l'homme se fait taquiner sur sa situation ou s'il a un emploi qui rapporte moins que celui de sa conjointe. Et l'ego de l'un ou de l'autre, soit gonflé, soit fragile, peut alors prendre trop de place. Ce contexte peut générer des discussions plus ou moins harmonieuses et même amener le couple à mentir aux autres et à se mentir à lui-même.

Dans mon rôle de psychologue, je vois souvent à quel point l'ego peut prendre de la place. Mon partenaire d'affaires et ma relève, Jean-Sébastien Côté, m'a dit un jour que pour avancer, il suffit d'enlever une lettre au mot ego, soit le E, pour laisser place à « GO ». Une avancée en synergie qui met l'accent sur la relation plutôt que sur un individu: « Ensemble, on va plus loin. »

Que ce soit pour préparer la retraite, pour se procurer une voiture de luxe, pour acquérir un chalet à la campagne ou pour acheter tout bien qui sort de l'ordinaire, il est bon de nous demander si nous envisageons cette dépense pour satisfaire l'ego de l'un ou de l'autre.

En somme, rappelez-vous que rien ne sert de toujours vouloir avoir raison et que l'harmonie est beaucoup plus agréable qu'une lutte de pouvoir qui mène à des échanges susceptibles de fragiliser votre couple. Accueillez-vous dans la bienveillance, tentez de comprendre votre besoin, et vous pourrez trouver différentes options ou faire des choix alignés selon vos couleurs ainsi que celles du couple en lien avec vos aspirations, vos objectifs.

CHAPITRE 8

UN SYSTÈME ORGANISATIONNEL POUR ASSURER L'ÉPANOUISSEMENT DE VOTRE COUPLE

La seule limite à notre épanouissement de demain sera nos doutes d'aujourd'hui.

Franklin Roosevelt

Je n'ai pas envie d'aborder ici des notions mille fois répétées, mais rarement mises en pratique, comme : épargnez de façon périodique, ne dépensez pas pour des cafés quotidiens, soyez à votre affaire, etc. De même, on entend souvent des affirmations du genre : « L'éducation financière aidera les gens à mieux prendre leurs responsabilités pour assurer leur bien-être financier » ou « En étant mieux renseignés et en ayant plus de connaissances, les consommateurs prendront de meilleures décisions financières. » Je vais peut-être vous surprendre, mais ces notions sont des légendes urbaines. Et je crois qu'elles sont directement en lien avec les éléments de la finance comportementale que nous avons vus au chapitre 5.

Vous vous souvenez de la surcharge d'informations et de ses conséquences ? Avoir trop de choix entraîne parfois de l'impulsivité, mais, le plus souvent, a un effet paralysant, et nous en venons à l'inaction ou au report de décisions importantes. Toute surcharge d'informations peut entraîner des erreurs décisionnelles, mais retenons bien que c'est encore plus vrai quand cela concerne l'argent. Notre cerveau se fie également à des raccourcis trompeurs, appelés biais cognitifs. Que nous le voulions ou non, notre cerveau est ainsi fait : il recourt continuellement à des raccourcis mentaux. Nous avons donc tendance à tenir pour acquises des informations qui confirment nos croyances pour nous simplifier la tâche, trier plus rapidement les informations et faire des choix pas toujours heureux.

Au lieu de vous surcharger de certains principes que vous avez recueillis au fil du temps, je vous propose donc une nouvelle approche qui va vous sortir de vos habitudes et qui, je l'espère, pourra vous aider à en créer de nouvelles, peut-être plus adaptées aux couleurs de votre couple, et ce, afin de vous enrichir à deux dans toutes les nuances du mot.

Il s'agit de créer en couple votre propre système organisationnel de gestion, un système grâce auquel vous identifierez vos propres moyens, vos buts communs et individuels, ceux qui apporteront l'épanouissement financier dans votre couple. Votre imagination et votre esprit créatif seront ici sollicités. Grâce à l'éveil de votre créativité, vous pourrez identifier des actions concrètes, car vous en percevrez la logique sous-jacente. Vous vous approprierez davantage ces moyens pour les transformer en actions, car ils viendront de vous, de votre réalité et de vos prises de conscience.

Regardons en premier lieu ce qu'est un système organisationnel au sein d'une entreprise, pour ensuite pousser plus loin l'analogie en transposant cette méthode au couple. Ainsi, à la base, un système organisationnel au sein d'une entreprise est une approche structurée mettant de l'avant des outils de gestion afin de viser l'amélioration des résultats, de la performance, de la sécurité et de la rentabilité.

Qu'est-ce qu'un système organisationnel d'entreprise ?

Le système organisationnel des entreprises inclut à la fois des ressources humaines internes et externes. L'aspect externe est composé des clients, des fournisseurs, des compétiteurs. L'aspect interne fait référence aux ressources humaines de l'organisation, notamment les membres de la direction. Chaque personne à l'intérieur de l'organisation doit s'épanouir individuellement, mais aussi collectivement ; elle le fait en accomplissant des tâches précises et en poursuivant certains objectifs. De plus, tous doivent agir en pensant à l'équipe pour l'atteinte des résultats.

Dans le même ordre d'idées, chacun doit être en mesure d'identifier ses besoins de formation afin d'accroître sa performance individuelle et celle de l'équipe. Il est aussi important que chacun puisse établir ses propres objectifs, qui doivent être complémentaires et en synergie avec ceux de l'organisation. Finalement, pour atteindre des objectifs organisationnels, il faut faire des suivis, prendre le pouls des ressources humaines qui composent le système et assurer une communication constante entre les collaborateurs.

C'est à travers le système organisationnel que nous planifions des actions visant l'amélioration continue. Ces processus organisationnels se concentrent sur les activités qui génèrent le plus de valeur. Ces actions s'appuient sur des réflexions en quatre étapes au cœur du processus de gestion et font partie intégrante des réflexions stratégiques des entreprises :

1. Analyse de la problématique ou de la situation et idées de solutions/objectifs ;
2. Mise en place des solutions/objectifs retenus ;
3. Évaluation de l'efficacité des solutions/faire des constats ;
4. Choix des corrections à venir et des améliorations à apporter/révision des objectifs s'il y a lieu.

Dans un système organisationnel, il importe avant tout que la direction s'engage à soutenir une vision d'où découlent des objectifs ainsi que des actions selon la réflexion stratégique faite à partir des quatre étapes précédemment mentionnées. En somme, il faut suivre les étapes.

Un système organisationnel de couple

Commencez-vous à établir un parallèle et à entrevoir à quel point un système organisationnel pourrait être utile à votre couple ? Non, pas encore ? Poursuivons, et vous réaliserez que le fait de percevoir votre couple comme une organisation qui a un système et une gestion organisationnelle structurée n'est pas si farfelu.

Pour vous expliquer ma proposition en détail, j'ai pensé à deux couples que nous allons suivre.

D'abord, Stéphanie et David, un jeune couple qui désire fonder une famille. Ils devront s'assurer de communiquer, d'échanger leurs points de vue sur plusieurs sujets, comme le nombre d'enfants qu'ils aimeraient avoir, l'éducation qu'ils veulent leur donner, l'achat d'une maison, ainsi que divers autres sujets qui affecteront la gestion financière de leur entité à court et à long termes.

Autre exemple : Nathalie et Alain, qui amorceront bientôt la prochaine étape de leur vie, soit la retraite. Tous deux devront aussi s'assurer d'échanger leurs points de vue sur leur perception de la retraite, leurs valeurs, les besoins qu'ils entrevoient, leurs loisirs, etc. Ils sont à une étape qui les incite à redéfinir leur budget en fonction de leur prochain style de vie de retraités.

Avant de s'entendre sur les actions à poser et d'envisager divers ajustements, ces deux couples devront passer à travers des étapes de réflexion pour prendre des décisions éclairées et fondées sur des stratégies qui s'appuient tant sur leur vision que sur leurs valeurs.

Reprenons les éléments de réflexion de notre système organisationnel décrits précédemment et faisons l'exercice sous l'angle d'une gestion organisationnelle pour ces deux couples.

1. Analyse de la problématique ou de la situation et idées de solutions/objectifs

Dans la vie à deux, diverses situations peuvent survenir ; elles nécessitent de bien comprendre l'état actuel des choses et ce que l'on souhaite pour l'avenir, puis d'opter pour des solutions qui se transformeront en objectifs à atteindre. Ces derniers devront être définis de façon SMART ; ils doivent donc être Simples, Mesurables, Atteignables, Réalistes et définis dans le Temps. Il est aussi utile qu'ils soient positionnés dans un plan d'action que nous regarderons plus loin.

Stéphanie et David

- Situation : ils souhaitent tous deux fonder une famille d'ici les deux prochaines années.
- Solutions/objectifs :
  - Établir un budget en fonction de l'arrivée d'un nouveau membre dans la famille ;
  - Évaluer la possibilité de cotiser à un régime d'épargne pour l'éducation (le REEE, au Canada) dès la naissance de leur premier enfant ;
  - Analyser les besoins de logement en matière d'espace ;
  - Évaluer où ils désirent élever leur famille, soit près de leur propre famille (père, mère, fratrie) pour avoir accès à du soutien (leurs ressources externes) ou dans une autre ville à cause notamment de leur travail ou du milieu de vie qu'ils recherchent ;
  - Trouver la maison et le milieu de vie idéal pour la future famille.

Nathalie et Alain

- Situation : ils souhaitent tous deux prendre leur retraite dans un an.
- Solutions/objectifs :
  - Établir des projections financières pour la retraite ;
  - Définir le style de retraite désiré (notamment des voyages, un déménagement, etc.) ;

– Préciser s'ils veulent l'arrêt complet du boulot ou s'ils souhaitent continuer de travailler à temps partiel;

– Clarifier leurs intentions en s'alignant sur leurs valeurs (par exemple, avec une valeur « famille » forte, ils devront préciser s'ils désirent rester proches de leurs enfants et petits-enfants, s'ils souhaitent être très impliqués, par exemple en gardant fréquemment les petits-enfants, ou s'ils veulent simplement les voir une fois de temps en temps).

2. Mise en place des solutions/objectifs retenus

Après l'analyse de la situation et des solutions potentielles sous forme d'objectifs (étape 1), une mise en action est nécessaire. Ces solutions doivent tenir compte des préoccupations qui sont ressorties lors de l'analyse de la problématique. Le choix des actions dépend des valeurs du couple et de sa vision du futur. Nous y reviendrons plus loin dans les 12 points à considérer dans votre réflexion stratégique de couple.

Stéphanie et David

- Discuter du nombre d'enfants qu'ils souhaitent avoir.
- Faire un exercice budgétaire qui inclut le projet de l'achat d'une plus grande maison dans le quartier souhaité et verser des cotisations à un REEE dès la naissance de leur premier enfant.
- Choisir où ils aimeraient voir grandir leurs enfants (ville, banlieue, campagne).
- Réfléchir à savoir s'ils auront le soutien de leur famille pour garder les enfants ou s'ils auront besoin d'une aide externe (nounou, gardienne, etc.) en déménageant

loin de la famille. Les coûts devront aussi être évalués si l'option de l'aide externe non familiale est retenue.

- Discuter ensemble de leurs valeurs principales quant à l'éducation des enfants (école publique ou privée, cours d'appoint pour les enfants, nutrition biologique, etc.).

Nathalie et Alain

- Rencontrer un planificateur financier pour dresser un projet de planification complète.
- Établir une liste de leurs désirs et de leurs attentes.
- Définir les activités qu'ils désirent faire seuls, en couple, en famille.
- Revoir leurs valeurs par rapport à cette nouvelle vie (famille, liberté, complicité, etc.).

3. Évaluation de l'efficacité des solutions/faire des constats

Les actions mises en place auront des effets immédiats. Nos deux couples feront des prises de conscience (constats) qui leur permettront de s'ajuster en vue d'atteindre les objectifs souhaités.

Stéphanie et David

- Constats : leur budget deviendra très serré s'ils font l'achat d'une grande maison dans leur quartier de rêve et s'ils cotisent en même temps au régime d'épargne pour l'éducation dès la naissance de leur enfant.

Nathalie et Alain

- Constats : suivant leur planification financière, ils ont découvert qu'ils pouvaient se permettre d'arrêter complètement de travailler d'ici un an. Cependant, cette réalité leur fait peur, car ils ne se sentent pas encore prêts à devenir des retraités à temps plein.

4. Choix des corrections à venir et des améliorations à apporter/révision des objectifs s'il y a lieu

Suivant les constats et les prises de conscience des couples, des améliorations ou des ajustements sont apportés en matière d'actions, de révision des objectifs ou même de priorités.

Stéphanie et David

- Constats : suivant l'exercice budgétaire et en respectant leur budget, ils ont décidé d'ajuster leurs critères pour l'achat d'une maison en choisissant un autre quartier que celui qu'ils visaient initialement, mais qui sera tout de même plaisant et bon pour la famille, et qui leur permettra de rester près des grands-parents, en cas de besoin. Également, ils cotiseront un peu moins que prévu au régime d'épargne pour l'éducation, du moins à la naissance du premier enfant. Ils se réserveront plutôt la possibilité de demander des cadeaux aux membres de la famille élargie qui en ont les moyens, qui pourront être transférés dans ce régime d'épargne.

Nathalie et Alain

- Constats : afin de se préparer tranquillement à cette prochaine étape de leur vie, ils ont décidé de redéfinir leur vision à long terme de la retraite et de considérer les activités qu'ils aimeraient faire seuls et ensemble. Ils ont aussi décidé de ne pas prendre leur retraite au même moment ; ils la décaleront respectivement de six mois afin que chacun puisse s'adapter à son rythme et à sa nouvelle transition de vie, qui, rappelons-le, est le dixième facteur de stress en importance sur l'échelle de Holmes et Rahe !

À la fin du chapitre, vous pourrez effectuer un exercice pour mettre au point votre système et votre processus de gestion organisationnelle de couple. Mais avant de procéder, je voudrais vous inviter à une réflexion stratégique en 12 points qui vous aidera à raffiner vos choix.

En amont du système organisationnel, vos bases par une réflexion stratégique

Une réflexion stratégique pourrait vous être utile pour mieux vous structurer et viser à vous enrichir ensemble. Pensez à ces entreprises qui revoient leur mission, réévaluent leur vision et réussissent à atteindre d'ambitieux objectifs. Ces actions font partie d'une activité de réflexion stratégique qui assure de bonnes bases de réussite.

Il en va de même pour votre couple. Cette réflexion vous permettra de garder vos objectifs en tête et de vous propulser vers plus de richesse à deux en étant alignés ensemble dans l'action. Comme le souligne Anthony Robbins : « Ceux qui connaissent un succès exceptionnel savent avant tout se mettre dans l'action, en état d'agir. » Ils adoptent des mesures efficaces grâce à leur pouvoir d'action.

Avant de trouver des solutions adaptées à votre situation et de mener des actions pour faire rouler votre système organisationnel de couple, certains éléments (mission, valeurs et vision) auront avantage à être bien positionnés et établis, car ils deviendront vos assises afin que vous restiez focalisés sur vos objectifs et bien alignés sur ceux-ci. Vous pouvez prendre le temps d'écrire chacun des 12 points suivants pour commencer à construire votre système organisationnel commun en fonction de la réalité de chacun de vous. Par la suite, vous pourrez mettre en commun vos réflexions et bâtir votre plan d'action à deux.

Douze points à considérer

Il est à noter que tous les éléments de cette réflexion stratégique vont évoluer selon les transitions de vie et les moments clés de vos vies respectives (changement ou perte d'emploi, retraite, naissance d'un enfant, maladie, deuil, etc.). Il est donc judicieux d'effectuer cet exercice de réflexion périodiquement, par exemple de le refaire annuellement afin de garder le cap sur vos objectifs de vie, de les ajuster s'il y a lieu et d'en établir de nouveaux.

1. Énoncez votre mission

Chaque entreprise a une mission, une raison d'être. Pour un couple, sa mission au sens large pourrait être le partage de la vie commune et possiblement la fondation d'une famille, en ayant pour but de «vivre heureux jusqu'à la fin des temps». Vous pourriez aussi choisir d'avancer en équipe en partageant votre vie et en visant votre épanouissement individuel et de couple dans tous ces aspects.

Le fait d'être conscients de notre mission et de l'énoncer nous assure de nous recentrer sur l'essence de notre cellule amoureuse. La mission doit être un énoncé simple, général et durable qui dit simplement la raison d'être du couple. Elle doit aussi pouvoir vous inspirer, car c'est elle qui vous donnera la ferveur de poursuivre vos objectifs. Elle devrait répondre aux questions : quelle est notre raison d'être ? Pourquoi formons-nous un couple ?

Pour que vous arriviez à bien décrire votre mission de couple, voici quelques indications :

1. Une mission commence par un verbe d'action à réaliser ou à atteindre. Déterminez un verbe qui exprime le mieux l'action qui représentera votre but ultime, par exemple vous souhaitez... accompagner ; contribuer ; réaliser ; partager ; bâtir ; inspirer ; harmoniser ; développer ; créer ; rassembler ; etc.

2. La mission est souvent liée à l'environnement social, à un public cible. Nommez des gens que vous aimeriez influencer ou avec qui vous voulez accomplir certaines réalisations ou que vous souhaitez inclure dans votre mission (proches, partenaire de vie, membres de la famille, amis, petits-enfants, etc.).

3. Elle délimite aussi votre champ d'action. Par exemple, vous pouvez axer votre mission sur le développement, l'épanouissement, le partage des valeurs, la valorisation, la complicité, etc.

4. Elle identifie également les valeurs principales du couple. Ciblez celles qui seront au cœur de votre mission de vie à deux, par exemple connexion, engagement, liberté, plaisir, respect, famille, authenticité, complicité, etc.

5. Il ne vous reste plus qu'à rassembler tous ces mots pour en faire une phrase inspirante pour vous, pour votre couple.

6. Vous pouvez également pousser l'exercice plus loin et identifier l'effet que vous désirez avoir. Cela pourrait vous aider à créer votre phrase inspirante qui deviendra votre énoncé de mission. Par exemple : semer la joie de vivre ; créer de la richesse autour de moi ; faire une différence positive dans la vie des gens ; contribuer au succès des autres ; apporter quelque chose de nouveau ; être une ressource pour l'accomplissement des autres ou de ma famille.

Ainsi la mission de Stéphanie et de David pourrait être en lien avec leur désir de fonder une famille :

1. Verbe d'action retenu : contribuer ;
2. Public cible : leurs enfants à venir et leur couple ;
3. Champ d'action : développement de tous les membres de la famille ;
4. Valeurs : famille et complicité ;
5. Effet souhaité : guider leurs enfants, être un couple inspirant pour eux et continuer d'être un couple heureux.

Ainsi, leur mission pourrait être :

« Nous souhaitons contribuer au développement du potentiel de nos enfants tout en étant inspirants pour eux et en continuant d'être un couple heureux. »

Alain et Nathalie, eux, pourraient établir leur mission en lien avec leur projet de retraite :

1. Verbes d'action retenus : partager et contribuer ;
2. Public cible : petits-enfants, enfants et leur couple ;
3. Champ d'action : moments de plaisir et continuité ;

4. Valeurs : engagement et liberté ;
5. Effet souhaité : être des grands-parents et des parents présents (temps passé ensemble, contribution financière) tout en étant épanouis tout au long de leur vieillissement.

Ainsi, leur mission pourrait être :

« Nous souhaitons partager des moments de plaisir avec nos petits-enfants, contribuer à la richesse de nos enfants et petits-enfants et vivre heureux jusqu'à la fin de nos jours en connaissant une retraite heureuse qui favorise l'accomplissement de chacun. »

À votre tour, quelle est la mission de votre couple ? Votre énoncé de mission doit être une déclaration authentique qui motive et guide vos actions quotidiennes. Il doit servir de boussole pour orienter vos décisions et vos activités vers la réalisation de vos objectifs à long terme. Testez-le. Partagez-le avec des proches pour obtenir une rétroaction ou des suggestions. Révisez-le pour le rendre plus représentatif et aligné sur vos objectifs et vos valeurs.

2. Soyez conscients de vos valeurs

Dans une organisation, les valeurs expriment les engagements de l'entreprise envers les clients et les employés. Cela permet d'améliorer la cohésion des actions dans l'organisation et favorise le sentiment d'appartenance. Pour réussir une vie de couple, il doit y avoir un alignement de valeurs qui orientent le choix de nos décisions ainsi que nos actions. Comme nous l'avons vu précédemment, celles-ci, tout comme les croyances, ont un grand impact sur l'harmonie au quotidien ou l'avancée en synergie d'un projet spécifique.

Commencez par vous demander ce qui est le plus important pour vous dans votre vie ; faites cela seul. Procédez ensuite à la même réflexion en couple, puis discutez de vos résultats. Prenez le temps d'expliquer ce que ces valeurs représentent pour vous : vous pourrez alors connaître précisément la signification de chaque valeur et des croyances qui s'y rattachent. Finalement, ensemble, ciblez trois valeurs qui sont au cœur de votre couple et donnez une définition claire de ce qu'elles signifient pour vous.

Stéphanie et David ont mis en commun trois valeurs principales qui guideront leurs choix dans les solutions à mettre en place :

1. La qualité des moments, soit l'importance accordée au vécu de moments de qualité en couple et en famille quand ils auront des enfants ;
2. L'éducation : celle qui permettra à leurs enfants de bénéficier d'une bonne instruction scolaire ;
3. L'équipe : ils trouvent important d'avancer ensemble dans toutes leurs décisions, et c'est ce qu'ils désirent continuer de faire lorsqu'ils auront des enfants.

Nathalie et Alain définissent ainsi leurs trois valeurs communes :

1. La famille, en particulier les petits-enfants ; ils souhaitent être aussi présents que possible pour eux ;
2. La liberté : ils veulent pouvoir partir en voyage quand ils le souhaitent et faire ce qui leur tente ;
3. Rester actifs et en santé : ils accordent une grande importance à leur nutrition ; ils s'adonnent régulièrement à des exercices et pratiquent des sports dans ce but.

À votre tour, quelles sont les trois principales valeurs de votre couple ? Assurez-vous qu'elles soient alignées sur votre mission et vos actions. Par exemple, si vous voulez contribuer au meilleur développement des enfants, que votre valeur est la qualité des moments passés avec eux et que vous visez un équilibre travail-famille, revoyez la répartition de vos heures de travail et demandez-vous si vos actions reflètent vos valeurs. Si vous occupez un emploi très prenant et que vous n'avez jamais de temps à consacrer à la famille et à votre couple, vous ne serez pas aligné sur vos valeurs et ne serez pas heureux ni individuellement, ni en couple, ni en famille.

Il importe simplement de faire des choix d'action cohérents qui sont en phase avec ce qui vous tient à cœur à tous les deux, avec vos valeurs. Des choix qui seront faits en pleine conscience et partagés afin que vous restiez en synergie.

3. Énoncez votre vision

La vision d'une entreprise est une projection dans le futur. Elle motive l'entrepreneur et son équipe à se surpasser afin d'atteindre des objectifs à moyen et à long termes. Habituellement, la vision est établie sur une période allant d'un à cinq ans. Elle est donc déterminée dans le temps.

Stéphanie et David veulent fonder une famille d'ici cinq ans, idéalement dans deux ans, et veiller à l'éducation de leurs enfants ainsi qu'au bien-être de la famille en étant présents et disponibles.

Nathalie et Alain ont établi leur vision sur une période d'un an : ils veulent amorcer leur retraite en étant épanouis, et entamer leur nouvelle vie sereinement en exerçant des activités individuelles, en couple et en famille.

À votre tour, quelle est la vision de votre couple ? Comment le voyez-vous dans un an, trois ans, cinq ans ? Pensez-vous à avoir des enfants, à acquérir une maison, un chalet, un bateau, etc. ? Si un enfant naît, ou deux ou trois, lequel de vous deux restera à la maison les premiers temps ? Voulez-vous tous les deux poursuivre votre carrière ? Cette réflexion faite en amont vous permettra de préciser le budget nécessaire pour l'un ou l'autre des styles de vie tout en tenant compte de la portion d'épargne requise à long terme. Votre vision vous permettra de définir les stratégies, les actions ainsi que les solutions à adapter selon la cible que vous souhaitez atteindre.

4. Découvrez les forces et les compétences de chacun

En entreprise, on établit la place de chacun, son rôle selon ses habiletés et ses talents, tout en les arrimant avec les besoins de l'organisation. C'est cela qui permet à chaque membre de l'entreprise d'exercer son rôle selon ses forces et de contribuer à l'atteinte des objectifs organisationnels.

Habituellement, dans un couple, tout comme dans une organisation, chacun occupe son rôle en fonction de ses compétences et de ses aptitudes. Il est donc judicieux de définir les rôles de chacun selon les forces en présence. Celui qui aime les chiffres et possède la compétence pour les traiter est responsable du budget ou des états financiers du couple. Celui qui est davantage relationnel s'occupe des activités du week-end avec les amis et la famille. Si l'un des deux est meilleur organisateur, il peut planifier les vacances ou les voyages.

Pour cibler les forces des individus qui composent une organisation, il existe des tests psychométriques ou du type « échelles de personnalité », lesquels permettent aux entreprises de cerner la complémentarité entre les membres de l'équipe. En effectuer un pourrait être une bonne idée dans votre couple, pourquoi pas ! Se connaître soi-même et connaître les forces et les faiblesses de votre partenaire de vie ne pourra pas nuire à vos objectifs.

À votre tour, quelles sont les trois forces que vous reconnaissez à chacun de vous, puis celles de votre couple ? En prenant le temps de décrire les forces et les compétences de chacun et de voir lesquelles sont complémentaires et lesquelles ne le sont pas, vous irez plus loin.

5. Élaborez un plan d'action

Dans les entreprises, le plan d'action est un document interne. Il décrit les actions qui doivent être accomplies selon les stratégies retenues. Il identifie également un responsable, établit un échéancier pour l'avancée des projets et permet de faire un suivi afin d'ajuster les solutions mises en place. Il en va de même dans un couple. Pensez à transcrire sur papier les actions retenues, nommez un responsable et établissez un échéancier. Ce dernier vous permettra de voir où vous en êtes et pourra être modifié en fonction de ce qu'il reste à faire pour atteindre votre ou vos buts.

Stéphanie et David…

Points abordés	Actions	Responsable	Suivi	Constats	Échéance
Planifier le budget	Faire un exercice de planification budgétaire	Stéphanie			
Analyser l'espace et le milieu de vie	Dresser une liste des critères (ville, campagne, vie de quartier, etc.)	Couple			
Analyser le marché immobilier	Faire une étude de marché. Évaluer le prix des maisons selon les critères et le budget	David			

Alain et Nathalie…

Points abordés	Actions	Responsable	Suivi	Constats	Échéance
Faire un exercice sur les valeurs	Individuellement et ensemble, redéfinir nos valeurs en vue de notre retraite	Couple			
Définir le style de retraite souhaité	Établir une liste des attentes de chacun	Couple			

À votre tour, qu'en est-il de votre couple ? Ciblez des actions ensemble et individuellement pour arriver à l'atteinte de vos objectifs.

Points abordés	Actions	Responsable	Suivi	Constats	Échéance

6. Établissez vos priorités

Nous entendons souvent des gens exprimer leurs indécisions face à des situations ou à des projets. Lorsque nous devons faire des choix pour définir nos stratégies, pour fixer nos objectifs et pour établir un plan d'action, la notion de priorité est essentielle. La question qui se pose est donc : quelles sont mes priorités ? Sont-elles les mêmes que celles de mon partenaire ? Quelles seront les priorités pour notre couple à l'avenir ?

En fait, les priorités sont généralement fixées selon deux facteurs : l'importance qu'on leur donne et l'urgence qu'on leur attribue. Il est facile de comprendre que même si nous avons le même projet, il est possible que nous soyons en désaccord sur la priorité à accorder à certains éléments de ce projet.

Prenons le cas d'un couple qui partage l'objectif d'avoir un chalet. Pour François, c'est la priorité numéro un à réaliser à court terme, alors que Rosalie a pour priorité numéro un d'acheter d'abord une maison en ville. Est-ce que le chalet deviendra une priorité à court, à moyen ou à long terme ? Comment situer cet objectif du couple ?

Pour aider à la discussion, nous pouvons suivre les principes de la matrice d'Eisenhower qui est souvent utilisée en entreprise pour aider à la gestion du temps et des priorités.

LA MATRICE D'EISENHOWER	
1 **Très important et très urgent** Le chalet (pour François)	2 **Très important, mais moins urgent** Le chalet (pour Rosalie)
3 **Très urgent, mais moins important**	4 **Ni urgent ni important**

Le couple pourra utiliser cette matrice pour faciliter la discussion. L'un place l'achat du chalet dans le quadrant n° 1, donc comme très important et très urgent, alors que l'autre le place dans le quadrant n° 2, comme très important, mais moins urgent. Cet outil pourrait faciliter le dialogue, car chacun devra expliquer à l'autre sa position et pourquoi le projet est ou n'est pas urgent ou important pour lui.

Évidemment, si un projet est dans le quadrant n° 1 pour l'un et dans le n° 4 pour l'autre, de bonnes discussions auront lieu, et probablement que les croyances et les valeurs de chacun seront exprimées allègrement !

À votre tour, prenez le temps de parler ensemble d'un projet qui n'est pas dans le même ordre de priorité pour l'un et pour l'autre.

7. Discutez du partage des dépenses

On entend souvent dire que la gestion financière à deux peut apporter son lot de mésententes. Dans cette optique, envisagez de discuter du partage des dépenses et de la gestion financière en équipe dès le départ et vous vous donnerez plus de chances de bonheur à deux. Il est à noter que, bien évidemment, ce partage pourra être ajusté selon les circonstances de la vie (perte d'emploi, promotion, etc.).

Dans une entreprise, des projections financières sont établies selon les objectifs à atteindre, un budget est créé par service et les dépenses sont assumées par les revenus de l'entreprise. Un ajustement des dépenses est également fait périodiquement afin que l'organisation s'ajuste en fonction des objectifs visés.

De même, en couple, vous pouvez vous entendre sur un partage des frais à 50%-50 % ou selon un pourcentage établi en fonction des revenus de chacun. De même, vous pouvez établir des cotisations spéciales pour prévoir des dépenses particulières comme un voyage, des rénovations à venir, et ajuster le tout en cours de route.

Il importe de faire preuve de « créativité financière » afin d'établir son propre système de partage des dépenses, car il n'existe pas un seul modèle de tel partage[12]. Le meilleur modèle de partage des dépenses est celui qui tient compte de la réalité de chacun, des valeurs communes, et qui fait en sorte que les deux partenaires sont à l'aise dans le système choisi.

À votre tour, prenez le temps d'établir le partage de vos dépenses selon la réalité de chacun ou même selon les objectifs que vous voulez atteindre. Dans le cas où vous choisissez de fixer votre attention sur un objectif à atteindre, un des conjoints pourrait payer les dépenses courantes rattachées à la maison (l'hypothèque, l'électricité, les solutions technologiques, les taxes, etc.) tandis que l'autre économiserait (montant à convenir ensemble) pour l'achat d'un motorisé, ce qui est un rêve de retraite. Mais, dans ce cas, soyez attentif à bien préciser ce qui sera fait si jamais une séparation survenait.

8. Planifiez-vous des rendez-vous périodiques

De même qu'en entreprise des réunions permettent de voir où chacun en est dans la poursuite de ses objectifs, en couple cette pratique comporterait bien des avantages.

À votre tour, planifiez des moments de rencontre pour discuter de l'avancée et de la gestion des finances. Ces rencontres, mensuelles ou tous les trois mois, par exemple, vous aligneront sur vos objectifs et vous permettront de faire le point. Elle peuvent avoir une durée d'environ 45 minutes ou 1 heure.

9. Gardez le cap sur vos objectifs communs

Dans une organisation, nous identifions des indicateurs de performance (ou *key performance indicators*, KPI). Nous nous référons également à des tableaux ou à des schémas en lien avec les objectifs à atteindre. Cela a pour but de suivre l'évolution, oui, mais surtout d'encourager les troupes et de maintenir le cap.

À votre tour, dans votre système de couple, c'est une bonne idée d'établir de tels indicateurs, par exemple « avoir économisé 2000 $ dans six mois ». Cela vous donne un défi, permet de concrétiser vos projets et d'atteindre éventuellement vos objectifs. Il importe donc que vos objectifs soient SMART (voir à la page 141) afin de ne pas vous décourager ou de vous mettre trop de pression inutile. Rappelez-vous que si vous adoptez ce système, c'est que vous aspirez à cocréer votre avenir et à atteindre des objectifs ensemble et fort probablement dans le plaisir !

Pour bien visualiser vos buts à atteindre, rien ne vous empêche de concevoir un tableau avec des images qui les illustrent, par exemple une photo de votre maison de rêve, le collège privé des enfants, etc. Il a été prouvé que si vous visualisez des éléments convoités chaque jour, votre cerveau suscitera des actions qui vous amèneront à atteindre vos objectifs et l'Univers travaillera pour concrétiser ce que vous souhaitez. Et j'ajoute que ce n'est nullement ésotérique ! C'est le pouvoir de votre *mindset*, de votre esprit, qui générera des croyances aidantes et des actions en vue de concrétiser vos rêves. Vous avez donc le pouvoir de voir advenir tout ce que vous désirez, si vous gardez le cap et y mettez la bonne énergie !

10. Ajustez-vous aux circonstances de la vie

Dans un système organisationnel, il y aura toujours divers scénarios possibles, du plus pessimiste au plus optimiste. On garde le cap sur le plus optimiste, mais des circonstances peuvent survenir qui vous amèneront à repousser des objectifs ou à les revoir. Cela ne veut pas dire pour autant que l'on perd le cap sur les objectifs ; ils seront simplement ajustés.

Évidemment, on ne peut pas tout prévoir dans la vie, et c'est ce qui la rend passionnante pour certains, et affolante pour d'autres. Des imprévus viendront chambouler votre vie positivement ou négativement : c'est même certain qu'il y en aura.

En ce sens, il est bon de regarder si, à court terme, vous voyez des occasions qui pourraient se présenter et influencer positivement votre situation. Pensez à une promotion éventuelle, à un changement de poste, à un héritage, etc. Certains imprévus peuvent être difficiles à assumer, comme une récession, l'augmentation des taux d'intérêt, etc. Comme cela est mentionné précédemment, on ne peut pas tout prévoir, mais il faut rester à l'affût des tendances.

À votre tour, est-ce que vous travaillez dans un secteur à risque? Y a-t-il souvent des mises à pied? L'entreprise pour laquelle vous travaillez a-t-elle prévu de se moderniser en changeant la technologie et risquez-vous de ne plus avoir les compétences requises pour continuer d'occuper votre poste? Prenez le temps de réfléchir à ce qui se passe d'un point de vue social, ce qui influencera éventuellement vos stratégies de dépenses, d'épargne, d'investissement, etc. C'est bon de prendre de l'avance, mais sans faire de l'anxiété inutile, bien évidemment!

11. Faites en sorte que votre système organisationnel soit au service de votre couple

De même qu'en entreprise, le système organisationnel est au service des dirigeants et des employés, votre relation doit rester au cœur de votre système organisationnel. Restez vigilants et faites en sorte que le système ne prenne pas toute la place et devienne trop rigide. Encore une fois, l'important est la communication et surtout le fait de vous ajuster à deux selon ce que la vie vous apporte.

12. Préparez votre ordre du jour et lancez votre premier conseil d'administration de couple

Vous voilà prêts à mettre en place votre premier conseil d'administration de couple. Trouvez-y un nom, selon vos couleurs. Vous pourriez nommer ces réunions vos «rencontres administratives de couple» ou vos «CA de couple». Eh oui, pourquoi pas? Après avoir prévu un jour, une date et une heure, planifiez le contenu des points à votre ordre du jour, par exemple: vos bons coups ou vos éléments de fierté ; un retour sur vos objectifs financiers ; vos sources de motivation et vos irritants ; les projets sur lesquels vous mettrez l'accent au cours des prochains mois ; etc. Concevez un ordre du jour bref qui tient compte des éléments essentiels. Êtes-vous prêts à commencer ? Lancez-vous !

Tout ne sera pas parfait la première fois. Prenez un pas de recul afin de vous donner une latitude et ajustez le tir. Si vous maintenez cette habitude, vous ferez un grand pas vers votre épanouissement financier de couple.

Après avoir fait cette réflexion stratégique à deux, soyez sûr que la confiance entre vous régnera, que vous pourrez compter sur les forces de chacun et que vous aurez une base inébranlable de communication appuyée sur des fondements solides (mission, vision, valeurs).

Grâce à votre système, créé par vous, à vos couleurs, vous serez outillé et prêt à atteindre votre succès et votre épanouissement, notamment dans la gestion des finances de votre couple.

EXERCICE – À DEUX, NOTRE SYSTÈME ORGANISATIONNEL

Êtes-vous un jeune couple qui désire fonder une famille ? Un nouveau couple, ayant chacun de votre côté des enfants et qui souhaite commencer une nouvelle vie commune ? Désirez-vous faire l'achat d'une première ou d'une nouvelle maison, d'un appartement, d'un chalet ? Voulez-vous accroître votre patrimoine en investissant ensemble, par exemple dans un projet immobilier, des chalets locatifs ? Prévoyez-vous qu'à court ou à moyen terme, l'un de vous deux changera d'emploi ? Voulez-vous faire un long voyage ensemble dans quelques années ? Êtes-vous à l'aube de la retraite ? Bref, il est important de vous arrêter et de prendre le temps de vous questionner sur vos rêves et vos projets, et d'évaluer votre situation pour vous fixer ensemble des objectifs.

Après avoir pris le temps de vous asseoir et de préciser vos propres bases organisationnelles en mettant de l'avant les 12 points vus précédemment, alignez votre système organisationnel de couple par une gestion optimale pour favoriser l'atteinte de vos objectifs en suivant les étapes.

1. Analyse de la problématique ou de la situation et idées de solutions/objectifs;
2. Mise en place des solutions/objectifs retenus;
3. Évaluation de l'efficacité des solutions/faire des constats;
4. Choix des corrections à venir et des améliorations à apporter/révision des objectifs s'il y a lieu.

CHAPITRE 9

VOTRE PLAN D'URGENCE ET LA CONTINUITÉ DU PATRIMOINE DE VOTRE COUPLE

La grandeur d'un homme ne se mesure pas à la richesse qu'il acquiert, mais à son intégrité et à sa capacité à influencer positivement les gens autour de lui.

Bob Marley

Dans toute entreprise, la continuité des affaires est essentielle. En effet, tant les dirigeants que les collaborateurs veulent que l'organisation perdure dans le temps, et pour cela, des mécanismes doivent être prévus. Le même phénomène se produit quand il est question d'une entreprise familiale: si on ne prévoit pas une relève, il est possible que l'entreprise éprouve des difficultés et que le patrimoine familial périclite, ce qui est d'ailleurs malheureusement assez fréquent[13].

De même, si un couple se laisse aller et cesse de s'occuper de ses biens, ne prévoit pas de mécanismes de passage vers ses héritiers, il est possible que les dernières années de vie soient difficiles pour l'un des deux partenaires ou même pour les deux. Et même, après leur décès, il arrive que la succession en souffre. La question de la continuité et de la passation des biens est donc primordiale pour tous les couples, et je souhaite ici vous éclairer sur diverses façons de prendre soin de votre patrimoine.

Attention, je vous entends dire : « Mais ça n'est pas pour tout de suite, nous sommes encore jeunes ! » Je ne veux pas seulement parler de décès, mais plutôt vous éveiller à des questions auxquelles vous devrez répondre si l'un de vous éprouve des difficultés.

Pourquoi avons-nous tendance à remettre à plus tard ces enjeux de continuité ? Parce que personne n'aime parler de perte d'emploi, de souffrance, de maladie ou de mort. Toutefois, de la même façon que fuir le sujet de la continuité pourrait mettre en péril une entreprise, cette question pourrait grandement nuire au couple.

Alexandre Moïse, qui a contribué à la rédaction de ce chapitre, me relatait cette analogie que j'aime beaucoup entre le hockey (un sport d'équipe) et ce qui se produit au long de la vie en matière de gestion de nos biens. De la même façon, dit-il, qu'au hockey il y a des plans d'attaque et des plans de défense, en matière d'argent, il y a des plans d'attaque (positionner des objectifs afin de réaliser ses rêves) et des plans de défense (protéger ses proches et ses avoirs). Dans ce chapitre, nous allons nous pencher sur la défense, soit la prévision d'un plan de match financier en cas de coup dur ou d'imprévu. J'aborderai également la continuité du patrimoine financier de votre couple, qui s'inscrit également dans votre plan défensif.

Il est certain que plus les membres d'un couple prennent de l'âge, plus le plan défensif devient nécessaire, mais même les jeunes couples devraient prévoir quelques options.

Prévoir un plan d'urgence, ou plan défensif

En couple, c'est faire preuve de beaucoup de sagesse que de prévoir un plan d'urgence, ou plan défensif, qui devrait répondre à des questions comme : qu'arrivera-t-il si l'un de nous deux tombe malade ? Si l'un de nous décède ? Si l'un de nous perd son emploi ? Je suis consciente, encore une fois, que ce n'est pas très romantique de discuter de ces sujets, mais c'est pour vous-même et par amour pour l'autre que vous le faites. La communication entre conjoints est la clé de votre réussite, car c'est elle qui vous permettra d'établir sereinement un tel bon plan.

Commençons par en donner une définition. Le plan d'urgence, ou défensif, prévoit en somme les impacts financiers des changements qui surviendraient en cas de malheur. En cas d'incapacité ou de décès d'un conjoint, il faut prévoir ce qu'il adviendrait en matière d'assurances ou d'épargne. Il faut se demander si on conserverait la maison, réfléchir à la façon dont on modifierait ses heures de travail pour s'occuper de son conjoint malade ou vulnérable, en cas de besoin, et penser à prévoir du temps pour vivre sa peine s'il survenait un décès.

Préparer le plan d'urgence

Quel que soit votre âge, il est important que vous analysiez divers scénarios qui ne sont pas forcément joyeux (perte d'emploi, maladie, inaptitude et décès) et que vous preniez le temps d'évaluer ensemble les conséquences éventuelles de ces scénarios sur vous, sur votre partenaire et sur vos enfants, si vous en avez.

Questionnez-vous sur les risques auxquels vous seriez exposés si l'un de vous voyait son revenu disparaître pendant une période de trois mois, d'un an, de trois ans. Quel en serait l'impact sur votre ménage ? Est-ce que les objectifs que vous poursuivez seraient carrément à revoir ? Ou auriez-vous simplement quelques ajustements à faire pour braver la tempête ? Qu'adviendrait-il de l'hypothèque de la maison si votre ménage se retrouvait avec un seul revenu plutôt que deux ? En considérant votre statut de conjoint de fait ou d'époux, auriez-vous les mêmes droits en matière d'héritage dans l'éventualité où l'un de vous n'aurait pas fait son testament ?

Qu'arriverait-il si l'un de vous décédait prématurément, que vous ayez des enfants ou non ? Non seulement il y aurait un choc émotionnel à surmonter, mais également un nouveau mode de vie ou même de « survie » devrait être amorcé ; et comment le conjoint survivant parviendrait-il à combler le revenu manquant à court, à moyen et à long termes, en plus de toutes les responsabilités du ménage ? Le survivant devrait-il réduire ses heures de travail pour s'occuper des enfants, ou les augmenter pour arriver à assumer les dépenses de la famille ? Si l'un des conjoints est entrepreneur, qui pourrait gérer l'entreprise ?

Ce sont là des exemples de questions que vous aurez intérêt à vous poser quand tout va bien, même si ce n'est pas facile. Et la meilleure façon d'envisager toutes les possibilités reste à mon sens la consultation d'un conseiller financier. Cette personne est en mesure d'établir un portrait détaillé de votre situation et de voir les angles morts que vous pourriez oublier. Ainsi, vous pourriez recevoir des recommandations pour vous assurer que vous avez un coffre rempli des bons outils (testament approprié, mandat de protection, couverture d'assurance avec l'employeur, couverture d'assurance personnelle, etc.) et vous permettre d'avoir une vraie paix d'esprit.

Une autre chose est primordiale après l'établissement du plan d'urgence de votre couple : en assurer le suivi au fil des ans. Eh oui, on s'empresse souvent de l'oublier une fois que c'est fait, mais la situation de votre couple peut changer dans le temps, et votre plan risque de ne plus être à jour à un moment ou à un autre. La situation financière dans laquelle vous étiez il y a trois, cinq ou dix ans n'est certainement pas la même qu'aujourd'hui, et elle ne sera pas la même dans trois, cinq et dix ans. Assurez-vous toujours que votre plan de match défensif suive l'évolution de votre vie et de vos besoins.

Le bilan patrimonial

Dans une entreprise, l'entrepreneur a normalement établi un plan de continuité qui prévoit la passation des éléments clés lors d'un changement de direction (vente ou transfert de l'entreprise). C'est aussi ce que vous devriez faire dans votre couple et que nous nommons bilan patrimonial. Votre conjoint et votre liquidateur testamentaire devraient en connaître l'emplacement. Mais de quoi s'agit-il au juste et que devrait comprendre ce bilan ?

Son contenu

Votre bilan patrimonial est en fait un classeur personnel qui contient toutes les informations pertinentes sur vous et sur votre situation. En cas de décès, il guidera votre liquidateur testamentaire. Sachez qu'il existe plusieurs cabinets en gestion de patrimoine qui sauront vous guider pour dresser une liste complète de votre bilan patrimonial, mais les éléments suivants sont déjà à retenir.

- Numéro d'assurance sociale et date de naissance ;
- Certificat de naissance ;
- Testament ;
- Mandat de protection ou d'inaptitude ;
- Documents d'assurances ;
- Déclarations de revenus des dernières années ;
- Informations relatives à tous les types de comptes ouverts (bancaires, de placements, hypothécaires, de cartes de crédit, relatifs à des prêts, de réseaux sociaux, etc.) ;
- Nom des personnes-ressources (banque, comptable, conseiller en assurance de personne, numéros de compte) ;
- Nom de professionnels de confiance qui pourront seconder votre liquidateur ;
- Tous vos mots de passe répertoriés à un seul endroit. Il existe des applications pour sauvegarder vos mots de passe, par exemple LastPass, Password, Dashlane, etc.
- Un mot pour votre continuité ou de bienveillance envers ceux que vous aimez.

Sachez que vous pourriez même faire notarier ce document auprès de la Chambre des notaires. Tous ces renseignements importants se retrouveraient au même endroit.

Si vous êtes également entrepreneur, vous ajouterez :

- Votre structure fiscale et l'organigramme de votre entreprise ;
- Vos états financiers ;
- Vos registres des procès-verbaux ;
- Votre livre des minutes, idéalement à jour ;
- Le nom et les coordonnées de votre comptable ;
- Le nom et les coordonnées de personnes de confiance et qui seront des ressources clés pour assurer la liquidation ou la transmission de l'entreprise ;
- Le nom et les coordonnées de vos employés clés, leurs forces et leur fonction.

Un jour, une cliente m'a raconté qu'elle avait vécu un après-midi extraordinaire avec ses parents qui vieillissaient. Elle et son frère leur rendaient visite toutes les deux ou trois semaines. Or, un dimanche, à leur arrivée, les parents ont remis à chacun une enveloppe qui contenait toutes les informations que je viens de vous décrire, donc en quelque sorte leur bilan patrimonial. Ils avaient même pris soin d'ajouter toutes les informations relatives à leurs funérailles respectives. Bien sûr, cela peut sembler sombre de prime abord, mais en effectuant cet exercice, les parents ont beaucoup facilité la tâche de leurs deux enfants quelques années plus tard. Même cet après-midi-là, ma cliente m'a raconté avoir vécu un moment qui est resté dans son cœur.

Un plan de transfert patrimonial

Le plan de transfert patrimonial, ce n'est pas sorcier, c'est un plan qui permettra à quiconque de prendre votre relève, d'assurer la continuité. De même qu'en entreprise on parle d'un plan de transfert, on peut parler en couple d'un plan de transfert patrimonial. Ici, le plan de transfert pourrait fort bien s'adresser à votre conjoint, par exemple si vous ne pouvez plus prendre soin de vos avoirs.

Il est donc aussi important de prévoir votre plan de transfert tant individuellement qu'en couple. C'est-à-dire donner des instructions aux bonnes personnes afin d'assurer le partage de vos savoirs, de vos avoirs et de vos pouvoirs. Par exemple, si, au sein de votre couple, vous êtes la personne responsable du budget, vous devriez prendre le temps d'expliquer à votre partenaire de quelle façon il a été conçu, de lui dire quelles sont les informations que vous y avez classées. Donnez-lui également les informations clés. Il peut s'agir des échéances des placements, par exemple, ou de la manière dont se sont faits les choix de ces placements.

Il s'agit donc ici de transmettre vos connaissances à votre conjoint afin de l'outiller pour assurer la continuité, advenant que vous vous retrouviez avec une inaptitude soudaine ou que vous décédiez. Idem pour votre partenaire. Votre bilan patrimonial vous servira de guide dans la passation de vos savoirs, car toutes les informations de référence s'y trouveront.

Dans une organisation, il faut prévoir une période de transition pour la relève afin qu'elle puisse acquérir les connaissances et reprendre tranquillement les rênes de l'entreprise. Il en va de même pour la passation de votre patrimoine financier, que ce soit à votre douce moitié ou à vos enfants. Imaginez si votre partenaire de vie ne s'est jamais préoccupé (ou occupé) des finances puisque ce n'était pas sa tâche : il aura un rattrapage considérable à faire lorsque vous ne pourrez plus vous en occuper !

Pour la continuité du patrimoine : éduquer financièrement ses enfants

Je me permets un petit aparté ici. « Très tôt, il faudrait éduquer nos enfants à l'épargne » : voilà une idée qu'on entend souvent. Cependant, je vous le dis, c'est souvent un coup d'épée dans l'eau. Oui, nous pouvons sensibiliser nos enfants à l'épargne, mais cela devrait être fait à court terme et basé sur les vraies expériences de la vie, puisqu'il est difficile pour eux de se projeter dans un futur lointain en matière d'argent.

Entre l'âge de 12 et 16 ans environ, un bon moyen d'aider ses enfants est sans aucun doute de les sensibiliser à la valeur de l'argent et à leurs dépenses personnelles. Alexandre Moïse se souvient qu'à cet âge, son père lui donnait une allocation mensuelle évaluée selon ses besoins (passe d'autobus, coiffeur, repas à l'école, sorties et argent de poche). Il devait donc absolument établir un budget de ses dépenses, puis le présenter à son père afin d'avoir droit à son allocation. Cela, dit-il, a été un excellent moyen, pour lui, de se sensibiliser à la gestion et de commencer à apprivoiser les questions d'argent.

En tant que couple, si vous avez des enfants, vous pouvez choisir de les sensibiliser à la gestion financière et aux imprévus. Par exemple, vous avez prévu un voyage en famille et avez épargné dans ce sens. Mais, malheur, la toiture coule ! Cela nécessite une réparation d'urgence. Pourquoi ne pas en profiter pour sensibiliser vos jeunes à la gestion financière en leur expliquant les options que vous avez : soit retarder votre voyage et payer la réparation de la toiture, ou utiliser votre épargne et faire malgré tout ce voyage ? Dans ce dernier cas, il faudra alors sensibiliser vos enfants à la question du renflouement éventuel du compte d'épargne au retour des vacances. Vous pourriez par exemple leur expliquer qu'après le voyage, vous devrez réduire certaines dépenses. Ainsi, à court terme et à l'aide de situations vécues, vous leur permettrez de comprendre comment la gestion financière fonctionne. On est donc loin des grands principes qui n'ont pas d'application pratique.

En tant que parents, vous êtes responsables de l'éducation financière de vos enfants, et le sujet de l'argent ne devrait pas être tabou. Sinon, vous limitez ces enseignements si précieux qui permettront ensuite l'enrichissement et une saine gestion financière consciente des enfants.

Faciliter la transmission du patrimoine

Il est important de faire appel à des professionnels financiers et juridiques (notaire ou avocat notarial) afin de sélectionner les bons outils pour la passation de votre patrimoine. Il existe plusieurs types de testaments (olographes, devant témoins, notariés, etc.). Sachez trouver l'aide requise afin de recevoir les meilleures recommandations possibles. Un décès ou une maladie apporte son lot de stress et d'émotions ; simplifiez-vous au moins la vie dans cet aspect et sécurisez vos proches par un plan successoral et de continuité qui est clair.

Avez-vous déjà été liquidateur testamentaire ? Je crois que c'est le pire rôle à assumer si tout n'a pas été mis en ordre par le défunt. Pensez à nommer votre ou vos liquidateurs testamentaires et organisez-vous. Si vous en avez les moyens, prévoyez une rémunération à honoraires pour la personne qui s'occupera de votre succession. Cela l'encouragera à accepter son rôle et à assumer les tâches qui lui seront attribuées.

Soyez prévenant : faites votre bilan patrimonial et votre bilan de transfert, mais surtout, faites preuve d'empathie financière envers la personne qui aura à assumer la gestion financière de votre couple… seule.

Quelques conseils pour assurer la continuité du patrimoine

Assurer la continuité du patrimoine financier de votre couple implique une gestion prudente et réfléchie de vos finances. Voici quelques éléments à considérer pour y parvenir :

- Entretenez une communication ouverte. La communication est essentielle. Assurez-vous de discuter régulièrement ensemble de vos objectifs financiers, des dépenses, des investissements et des plans à long terme de votre couple.
- Faites un suivi de l'état de vos finances. Celui qui joue le rôle de trésorier dans votre système organisationnel de couple devrait suivre le budget établi ou tout autre outil. Lors de vos « CA de couple », vous devriez prévoir un point à l'ordre du jour pour un état de situation financière. Cela vous permet de contrôler vos dépenses, d'économiser et d'investir de manière planifiée. L'élément crucial dans votre gestion financière est d'identifier les dépenses variables. Faites l'exercice sur 12 mois afin d'avoir une vue d'ensemble des dépenses variables non récurrentes. Pensez par exemple à l'auto : immatriculation, vignette de stationnement, réparations, etc.
- Constituez une épargne d'urgence sous la forme d'un fonds pour faire face aux dépenses imprévues, telles que des problèmes de santé, des réparations domiciliaires ou une perte d'emploi. Les spécialistes mentionnent que le fonds d'urgence devrait couvrir les dépenses du ménage pour une période de trois à six mois.

- Ajustez vos plans en fonction des modifications qui surviennent dans votre vie, telles que l'achat d'une maison, la naissance d'un enfant ou un changement de carrière.
- Souscrivez à une assurance vie pour les deux partenaires. Cela garantit une sécurité financière en cas de décès prématuré de l'un des conjoints. L'assurance vie s'avère un outil indispensable pour une bonne gestion défensive.
- Privilégiez des investissements diversifiés, afin de réduire les risques. Consultez un professionnel financier pour vous aider à créer un portefeuille adapté à votre situation.
- Ne dites pas non à l'éducation financière. Familiarisez-vous avec les principes de base de la finance personnelle. Plus vous êtes informés, mieux vous pourrez prendre des décisions éclairées.
- Faites des plans de retraite. En ce sens, contribuez régulièrement à un plan de retraite, comme un compte de retraite individuel (REER) ou un régime de retraite d'entreprise. Assurez-vous d'évaluer périodiquement vos besoins de retraite et d'ajuster vos contributions en conséquence. Il existe plusieurs outils pour vous aider. À ce sujet, consultez votre institution financière et les sites gouvernementaux.
- Dites oui à la planification fiscale. Tenez compte des implications fiscales dans vos décisions financières. Optimisez votre situation financière en consultant un expert en fiscalité, si nécessaire.

En fin de compte, la clé est d'anticiper les défis potentiels, de travailler ensemble et de vous engager dans la gestion financière à long terme de votre foyer.

Saviez-vous que…

Éducaloi a fait un résumé pour que vous sachiez qui seront vos héritiers et à qui ira votre patrimoine si vous n'avez pas de testament. Si vous vivez au Québec, je vous suggère de faire le test que vous trouverez sur Internet[14].

MARIÉ AVEC ENFANTS	PAS MARIÉ AVEC ENFANTS
1/3 à l'époux et 2/3 à vos enfants • Il faut toujours appliquer d'abord les règles du patrimoine familial et du régime matrimonial.	**100 % aux enfants** • Votre conjoint de fait n'a droit à rien. Vos frères et sœurs non plus.
MARIÉ AVEC PARENTS, MAIS SANS ENFANTS	**PAS MARIÉ, SANS ENFANTS, MAIS AVEC DES PARENTS, DES FRÈRES ET DES SŒURS**
2/3 à l'époux et 1/3 aux parents • Si l'un des parents est prédécédé, l'autre parent recueillera sa part. Vos frères et sœurs n'ont droit à rien.	**1/2 aux parents et 1/2 aux frères et sœurs** • Votre conjoint de fait n'a droit à rien. Si l'un de vos frères et sœurs est mort, sa part ira à ses enfants (vos neveux et nièces).
MARIÉ SANS PARENTS NI ENFANTS	**PAS MARIÉ, PAS D'ENFANTS ET PAS DE PARENTS**
2/3 à l'époux et 1/3 aux frères et sœurs • Si l'un de vos frères et sœurs est mort, sa part ira à ses enfants (vos neveux et nièces).	**100 % aux frères et sœurs** • Votre conjoint de fait n'a droit à rien. Si l'un de vos frères et sœurs est mort, sa part ira à ses enfants (vos neveux et nièces).

Comme vous pouvez le constater, le fait de ne pas avoir de testament a un impact sur votre conjoint ou sur vous-même au moment du décès. Imaginez que votre frère ou votre sœur avec qui vous vivez une relation conflictuelle et que vous ne voyez plus depuis des années hérite de votre patrimoine au détriment de votre partenaire de vie. Ce ne serait pas drôle !

Abordez dès maintenant ces sujets afin de pouvoir avancer dans la vie en ayant l'esprit tranquille, en étant aussi peu stressé ou préoccupé que possible. Car, nous l'avons vu, les tensions ont nécessairement une incidence sur vous, sur votre santé et sur votre vie de couple.

CHAPITRE 10

L'ENTREPRENEURIAT EN COUPLE

Tout seul, on va plus vite ; ensemble, on va plus loin.

Proverbe africain

Dans ce chapitre, nous abordons (Cindy d'Auteuil et moi) la réalité des gens qui sont en affaires et en couple. Étant moi-même une entrepreneure et une passionnée de repreneuriat, je ne pouvais passer sous silence cette réalité qui a un impact sur le plan personnel, sur celui de notre couple ainsi que dans la gestion de nos finances à deux. Parfois, un des deux partenaires est entrepreneur, ou les deux le sont, parfois au sein de la même entreprise ou au sein d'entreprises différentes. Or, dans n'importe laquelle de ces situations, les conditions de vie des entrepreneurs ne sont pas toujours faciles. Leurs défis sont particuliers, et c'est ce que nous verrons ici.

Avoir une vision commune et savoir communiquer sont les clés du succès tant en affaires qu'en amour. Notons qu'il est plus facile d'aller dans le même sens lorsque les deux partenaires partagent les mêmes ambitions entrepreneuriales. Ils fournissent alors des efforts équivalents dans le projet, ils affrontent également les mêmes risques. L'aventure entrepreneuriale n'en devient pas nécessairement plus facile, mais les partenaires peuvent collaborer et s'entraider.

Des défis particuliers

Un des défis qui guettent les conjoints entrepreneurs est la fatigue accumulée et le fait de ne plus prioriser leur relation de couple. Ce fut le cas des propriétaires d'Animora, fondée en 2018, Andrée-Anne Adam et Jean-Philippe Côté, qui se sont confiés au journal *Le Soleil* en 2023 au sujet de leur expérience[15]. Leur produit vedette, un gel dentaire pour les animaux à base de canneberges, connaissait un grand succès: « On a rapidement été débordés et notre couple a été mis de côté », constatait Jean-Philippe.

Les couples qui sont en affaires communiquent beaucoup ensemble. Pour eux, l'argent n'est pas un tabou, il est une part de leur passion. Ils collaborent et conversent au sujet de l'argent, des gains, des pertes, de ralentissements, des succès... C'est un travail d'équipe, une alliance.

On le voit bien dans les remarques des femmes que Cindy d'Auteuil a interrogées dans le cadre d'un sondage effectué auprès de femmes d'affaires.

Isabelle raconte:

> Cela fait sept ans qu'on chemine ensemble: on a [d'abord] acheté une grande place pour sa compagnie de toiture (son mari était déjà en affaires), on a suivi des cours en immobilier, acheté et rénové un chalet locatif, créé deux autres compagnies et changé

> notre structure juridique. On fait actuellement des tests d'arbres fruitiers sur nos terres, on a un terrain qui attend la construction d'un gîte en chanvre, une bâtisse qui attend des rénovations où les gens vont retrouver leur cœur d'enfant… et on monte un plan d'affaires pour créer une ferme de tours aéroponiques dans notre atelier. […] Chacune de nos folies s'invite dans nos vies et l'argent est la ressource qu'il faut exploiter pour avancer. Il faut utiliser les moyens disponibles, le crédit, les mouvements d'économie circulaire, les réseaux de contacts pour aider autrui à travers nos projets. […] On pense pareil, on fait confiance, on se fait confiance, on aime. […] On se complète dans nos connaissances et nos talents. Je suis reconnaissante de vivre cette communion avec mon amoureux.

Louise mentionne quant à elle que les affaires peuvent prendre beaucoup d'espace dans la vie du couple :

> Je suis en affaires avec mon chum. Et on travaille dans notre maison. Bref, ça va bien, et on aime travailler ensemble. Toutefois, notre principal défi est que le travail est toujours dans la maison, et avec nous jusque dans notre lit. Je ne sais pas si c'est vraiment dérangeant. Je ne le pense pas. Mais il n'y a pas de frontière entre notre vie de couple et familiale et le travail. […] Heureusement que nous sommes impliqués tous les deux dans la même entreprise. Ça aide à mieux comprendre la pression et les situations de stress que nous vivons, l'un ou l'autre. Que l'on soit au travail, à la maison, même au lit, nos sujets de conversation

portent majoritairement sur le studio. En fait, c'est très rare qu'on parvienne à décrocher.

Être en couple et en affaires entraîne presque toujours une difficulté à séparer les sphères personnelle et professionnelle. Les conversations d'affaires s'entremêlent souvent aux conversations personnelles ; elles s'invitent souvent à table et dans la chambre à coucher.

Un défi majeur est en effet de faire de l'espace pour que le couple puisse séparer affaires et amour. Ainsi, il est impératif de vous donner de bonnes règles de gouvernance. Par exemple, faites preuve de fermeté quand le sujet des affaires est abordé en dehors de l'espace bureau ou des heures de travail. Reportez ces sujets à l'heure et à l'endroit appropriés.

Si vous travaillez ensemble à la maison, trouvez dans votre demeure un espace réservé aux discussions du travail afin que votre résidence reste aussi votre repère de couple et de vie de famille. Soyez vigilant quand vous tenez vos CA de couple et abordez alors des sujets liés à votre couple et non à votre entreprise commune. Dans ce cas, il convient d'organiser deux types de conseil d'administration : un de couple et un en tant qu'actionnaires de votre entreprise.

Je vous conseille également de prévoir des plages horaires consacrées à votre couple, des *special dates*, afin que vous puissiez ensemble renouer et rêver tout haut de vos projets individuels, de couple et de famille. Après tout, l'entreprise n'est pas votre seule réalisation !

Des tensions possibles

Lorsque l'un des deux partenaires se lance en affaires, cela peut créer des tensions au sein du couple. Les deux partenaires doivent alors clarifier leurs rôles et prendre le temps de communiquer pour se mettre d'accord sur les attentes et les responsabilités de chacun. Par exemple, si celui qui est à son compte prend congé pour s'occuper d'un enfant grippé, l'autre doit être conscient qu'il devra rattraper le retard accumulé le soir venu ou pendant la fin de semaine qui suit. De plus, les retards accumulés peuvent occasionner du stress et des tensions si l'entrepreneur ou l'entrepreneure du couple ne parvient pas à communiquer ses besoins (de temps, d'aide, etc.) à l'autre. Un partage des tâches bien établi et une bonne dose d'empathie sont importants pour les deux conjoints, qu'ils soient parents ou pas, par ailleurs.

De plus, le seul fait d'être en affaires peut susciter des préoccupations chez tout entrepreneur. Il peut s'agir de soucis par rapport aux finances, au marché, aux employés, aux collaborateurs, etc. Ces casse-têtes peuvent entraîner du stress. Il faut que la personne qui dirige une entreprise apprenne à bien gérer son anxiété, tandis que son partenaire doit être doublement attentif.

Santé mentale, entrepreneuriat et relations de couple

Malgré toutes les bonnes raisons pour lesquelles on décide de se lancer en affaires, il faut vraiment prendre soin de soi quand on devient entrepreneur ; en effet, les études démontrent qu'on présente davantage de risques de souffrir d'anxiété, de dépression et de troubles bipolaires que les employés puisqu'être entrepreneur ou travailleur autonome apporte une certaine solitude et une impossibilité à partager son lot de stress (en ce qui a trait à la prise de décisions importantes, à l'insécurité financière, à la gestion d'employés, etc.) avec son personnel ou son entourage.

Chez les entrepreneurs, tant les hommes que les femmes, on parle de plus en plus des enjeux de santé mentale. Alors que les hommes semblaient moins disposés par le passé à parler de leurs émotions, ce qu'ils ont longtemps perçu comme une faiblesse, c'est un sujet qui apparaît de moins en moins tabou de nos jours.

De plus, les préoccupations inhérentes à l'entrepreneuriat peuvent nuire au sommeil et augmenter le niveau de stress, ce qui a inévitablement des impacts sur l'attitude et les relations, qui peuvent devenir tendues, en particulier avec le conjoint. Aussi, les tracas peuvent changer et évoluer au fil du temps et selon le stade de croissance de l'entreprise, mais il reste que l'anxiété fait partie du décor *pour tous les entrepreneurs.*

Katsuyuki Kamei, professeur en gestion du risque à l'Université du Kansai, au Japon, qui s'intéresse de près à l'entrepreneuriat familial, nous parle des sources de stress dans le temps[16] :

- Avant de se lancer en affaires, au moment de la création d'une entreprise ou d'une reprise, le souhait du succès et la peur de l'échec pèsent sur la santé générale de l'entrepreneur ;
- Une fois l'entreprise établie, l'entrepreneur doit gérer les enjeux courants liés à la gestion de l'entreprise et assurer son développement. Ces éléments constituent des sources de stress qui ont également des conséquences ;
- Enfin, après plusieurs années à la tête de l'entreprise, les entrepreneurs rencontrent des difficultés à assurer la transmission de celle-ci, ce qui peut créer une importante source d'anxiété pour le potentiel cédant.

En tant qu'entrepreneur, il est important de briser cette solitude du sommet, et de partager vos sources de stress et vos préoccupations, que ce soit en participant à un groupe de gens d'affaires ou en consultant régulièrement un psychologue organisationnel, qui sera en mesure de vous accompagner dans les différentes phases d'évolution de votre entreprise et dans votre rôle.

Vous remarquerez ici que je ne vous suggère pas de discuter en premier lieu avec votre partenaire de vie. Pourquoi? Tout simplement parce que si cette personne n'est pas active au sein de l'entreprise, vous ne voudrez pas lui faire subir vos préoccupations. Cependant, si votre partenaire est également votre partenaire d'affaires, c'est peut-être la meilleure personne pour vous écouter et pour reformuler certaines questions ou préoccupations qui vous assaillent.

Souvent l'entrepreneur croit, à tort, qu'il doit trouver toutes les solutions seul, mais, en bénéficiant de l'apport d'un regard extérieur (psychologue, conseiller, coach, groupe d'entrepreneurs, etc.), il peut prendre un pas de recul, voir l'ensemble de la forêt et devenir conscient de points de vue différents, ce qui l'aide à s'ouvrir à de nouvelles perspectives. On ne peut savoir ce que l'on ne sait pas!

La conciliation travail-famille

La conciliation travail-famille préoccupe les entrepreneurs. Gérer les attentes du conjoint peut représenter un enjeu de taille. Se mettre d'accord sur la répartition des tâches et la gestion du temps en famille et dans l'entreprise est doublement exigeant. Quand nous sommes en affaires, notre tête roule à cent kilomètres-heure en tout temps. On peut avoir souvent la tête ailleurs, et notre partenaire de vie peut alors se sentir mis à l'écart.

En effet, s'inquiéter fait partie de la réalité des entrepreneurs. Tout entrepreneur pense toujours à son entreprise, et son défi – très ardu à relever pour plusieurs – est d'arriver à décrocher. On comprend alors que si un seul des conjoints est en affaires, ça peut certainement susciter des tensions s'il est sans cesse préoccupé par son projet.

De plus en plus de recherches sont menées, surtout depuis la pandémie de COVID-19, au sujet des liens entre la santé mentale et l'entrepreneuriat. À titre d'exemple, une étude portant sur la santé mentale des propriétaires de PME de partout au Canada, présentée par la Banque de développement du Canada (BDC) en novembre 2022[17], nous apprend que 62 % d'entre eux rapportent que leur principale source de stress est la gestion des flux de trésorerie, 51 %, la récession économique, 48 %, la conciliation travail-vie familiale, et que 47 % ont signifié avoir peur d'une perte ou d'un échec.

Il est à noter que presque la moitié (soit 44 %) des 753 propriétaires de PME interrogés étaient des femmes. Également, mentionnons que parmi les répondants, 55 % étaient propriétaires d'une entreprise de 1 à 4 employés et 2 % d'une entreprise de 100 employés et plus. Ce qui est intéressant, c'est que peu importe la taille de l'entreprise et le genre du propriétaire, les enjeux de stress et d'anxiété sont les mêmes : l'argent et la conciliation travail-famille.

Que l'on soit homme ou femme, en entrepreneuriat, l'argent est au cœur des préoccupations :

> […] le stress a des conséquences indirectes sur la santé. [Les troubles de sommeil sont] le premier impact lié aux facteurs pathogènes. Dans un deuxième temps, [ils] peuvent engendrer une dégradation de la santé mentale. Enfin, les troubles de la santé mentale (combinés aux

troubles du sommeil) ont un impact sur la santé physique de l'entrepreneur. Ainsi, les conséquences sur la santé s'avèrent être un cercle vicieux dramatique pour l'entrepreneur. Ces signes deviennent donc préoccupants dès que des troubles du sommeil sont perçus et dès que l'entrepreneur ne parvient pas à «déconnecter» de son entreprise[18].

Les femmes et l'entreprise

Certaines femmes d'affaires ressentent beaucoup de pression et de culpabilité dans le fait de vouloir s'accomplir à la fois comme entrepreneures, comme mères et comme conjointes. On entend de plus en plus parler de la charge mentale des entrepreneurs. Les mères, à qui incombent plusieurs responsabilités liées à la famille, la ressentent et la vivent encore davantage.

Des études rapportent en effet qu'on attend encore, en 2024, beaucoup plus des mères que des pères. Voici quelques chiffres qui démontrent bien que les femmes assument encore la majorité des responsabilités liées à la famille. Les attentes qu'on a envers elles ainsi que leurs propres exigences envers elles-mêmes peuvent en effet représenter un frein réel au démarrage et à la croissance d'une entreprise[19].

Les femmes entrepreneures seraient aussi plus susceptibles d'occuper un double rôle, c'est-à-dire un rôle important dans l'entreprise et dans leur ménage, ce qui limite la quantité d'heures pouvant être consacrées à l'entreprise. Selon des données canadiennes, la contribution domestique des femmes et des hommes diffère substantiellement. Les femmes passant en moyenne 50,1 heures par semaine aux tâches domestiques et reliées aux enfants comparativement à 13,8 heures pour les hommes.

[...] Dans certaines cultures, la femme doit supporter la majorité du poids des tâches ménagères et a tendance à reproduire ce modèle dans son entreprise.

Qu'en est-il du repreneuriat ?

Quand il est question de reprendre les rênes d'une entreprise existante, on note que deux fois plus d'hommes que de femmes le font. Cela pourrait s'expliquer par la difficile conciliation travail-famille, selon Rina Marchand, directrice principale pour le contenu et l'innovation au Réseau Mentorat[20]. Une étude fort complète réalisée conjointement par Femmessor (aujourd'hui Evol) et la Chambre de commerce du Montréal métropolitain, publiée en décembre 2021[21] relève ce fait.

Selon une étude publiée en 2021 par les professeurs James Combs, Peter Jaskiewicz et Sabine Raul de *Telfer School of Management*, les garçons, très jeunes, sont encouragés à devenir entrepreneurs dans le but de reprendre l'entreprise ou dans le but de démarrer leurs propres projets. Les jeunes filles, quant à elles, reçoivent très peu d'incitatifs à développer le leadership et l'esprit entrepreneurial nécessaires à la reprise ou au démarrage. La sensibilisation est la première étape du processus repreneurial. Ainsi, l'égalité des chances est, encore aujourd'hui, selon la recherche, fragilisée très tôt dans le processus[22].

L’entrepreneuriat en couple, une solution épanouissante

La vie d’entrepreneurs en couple peut être très enrichissante, moyennant certaines conditions et attentions. Il est important de créer des limites claires entre le travail et la vie personnelle et de ne pas laisser les préoccupations professionnelles empiéter sur le temps personnel que vous passez ensemble.

Gérer une entreprise en couple demande un engagement mutuel, de la patience et une capacité à travailler en équipe. Lorsque les deux partenaires communiquent aisément ensemble et ont des objectifs communs, cela peut renforcer non seulement l’entreprise, mais aussi la relation. Cette situation comporte malgré tout son lot de défis, en particulier en ce qui concerne la gestion des finances. Voici quelques aspects clés que vous devriez prendre en compte si vous êtes en affaires à deux.

1. *Ayez une communication authentique*
   Au risque de me répéter, la communication est essentielle. Il est donc important de discuter ouvertement des finances, des objectifs financiers communs et des dépenses liées à l’entreprise. Il faut vous fixer des moments réguliers pour discuter des aspects financiers de l’entreprise et de vos finances personnelles.

2. *Prenez le temps de définir vos rôles respectifs*
   Comme nous l’avons vu dans le chapitre 7, le système organisationnel du couple et la définition des rôles sont importants et doivent être établis selon les forces de chacun. Il en est ainsi également dans la gestion financière à deux de l’entreprise.

Clarifiez les rôles et les responsabilités de chacun en ce qui concerne les finances de l'entreprise. Cela inclut la gestion des factures, des dépenses, etc. Comme dans votre système organisationnel de couple, vous tiendrez à la fois des CA de couple et des CA d'entreprise afin de vous aligner ensemble sur l'atteinte de vos objectifs.

3. *Séparez les finances personnelles des finances professionnelles*
   Il peut être judicieux d'avoir des comptes bancaires distincts pour les finances personnelles et professionnelles. Cela peut faciliter la gestion et la traçabilité des transactions liées à l'entreprise.

4. *Planifiez les budgets et l'épargne*
   Établissez un budget clair pour l'entreprise. Identifiez les dépenses essentielles et les coûts variables, et veillez à ce que vos revenus soient suffisants pour couvrir ces dépenses. De même, planifiez pour l'avenir en constituant des réserves financières pour faire face aux imprévus ou aux périodes plus difficiles. Cela peut aider à réduire le stress financier et vous évitera de puiser dans vos épargnes personnelles de couple. Si vous avez des bénéfices excédentaires, discutez des possibilités d'investissements judicieux pour faire croître l'entreprise ou assurer une sécurité financière à long terme.

5. *Faites un suivi des performances financières*
   Comme dans votre système organisationnel de couple, établissez des indicateurs clés de performance (*KPI*) pour évaluer régulièrement la santé financière

de l'entreprise. Cela peut inclure le suivi des ventes, des marges bénéficiaires, du flux de trésorerie, etc.

6. *Comprenez vos implications fiscales*
   Comprenez les implications fiscales de votre structure d'entreprise. Certaines structures (comme les entreprises individuelles ou les sociétés de personnes) peuvent entraîner des conséquences fiscales directes sur les finances personnelles du couple.

7. *Célébrez vos succès*
   Prenez le temps de célébrer les réussites, grandes et petites, de l'entreprise en tant que couple. Cela renforcera la cohésion entre vous deux et vous motivera à poursuivre vos efforts.

On voit donc que gérer votre vie de couple et d'entrepreneurs nécessite une collaboration étroite, une confiance mutuelle et une compréhension claire des objectifs financiers communs et individuels. La clé est de travailler ensemble pour créer une stratégie financière qui soutienne à la fois l'entreprise et la vie personnelle.

Maintenant que vous avez lu ce chapitre, peut-être songez-vous à une possibilité pour votre couple de vivre un projet d'entreprise à deux ou d'ajuster le tir, si vous êtes déjà un couple en affaires. Alors, mettez ce projet dans votre ordre du jour de votre CA de couple. N'oubliez pas de départager les sujets et les chapeaux (affaires et couple) quand vous aborderez votre plan d'action en tant que partenaires de vie ou d'affaires.

EN GUISE DE CONCLUSION

POUR VOTRE ÉPANOUISSEMENT FINANCIER À DEUX

La citation suivante de Norman Vincent Peale, un pasteur américain, est franchement inspirante: «La façon dont vous traversez la vie dépend de vous. Alors, qu'allez-vous être, heureux ou triste? Qu'allez-vous faire, vivre au soleil ou dans l'ombre? Vous pouvez décider qui vous êtes, ce que vous voulez être et faire et dire et penser. Choisissez la positivité plutôt que la négativité, et votre monde entier changera pour le mieux.»

Toute énergie attire vers nous une énergie similaire qui peut se manifester dans nos vies sous forme d'expériences positives ou négatives. Ainsi, autant être positifs, car c'est alors ce qui surviendra dans notre vie.

Si vous voulez accéder à l'épanouissement financier de votre couple, il est nécessaire de vibrer ensemble sur la même fréquence et d'ouvrir la discussion à deux afin d'assurer une gestion financière commune en pleine conscience et en harmonie.

Questions et réponses pour vous aider dans votre parcours

Je voudrais vous présenter quelques questions qui m'ont été posées et qui pourraient se révéler pertinente pour la suite de votre parcours.

Si je rencontre quelqu'un, comme vais-je savoir si on va s'entendre sur les questions d'argent ? À quoi est-ce que je devrais prêter attention ?

Une de mes amies me racontait (il y a longtemps) que lors d'un premier rendez-vous amoureux, le type avait sorti de sa poche des coupons-rabais provenant de certains restaurants et lui avait demandé quel était son choix. Mon amie avait trouvé ce jeune homme très radin et n'avait plus voulu le revoir. Mais elle aurait pu aussi y voir un homme respectueux de ses moyens financiers et qui avait le désir de lui offrir un souper au restaurant !

Tout est une question de perception. Cependant, après la période passionnelle, avant de décider mutuellement de poursuivre une relation, de vous engager émotionnellement l'un envers l'autre, et afin de vous éviter de vivre de grandes déceptions, prenez le temps de vous poser des questions l'un à l'autre au sujet des finances et de leur gestion. Échangez sur vos valeurs respectives et ne craignez pas d'aborder ce sujet. Comment chacun de vous le perçoit-il ? Est-ce que l'argent est au service de la réalisation de certains rêves, ou, au contraire, devrait-on tout compter minutieusement et ne jamais rien dépenser sans raison ? Où vous situez-vous l'un et l'autre par rapport à cela ?

Devrait-on avoir un compte de banque commun ?

Le psychologue Yvon Dallaire illustre une excellente façon de procéder que je me permets de reprendre ici[23].

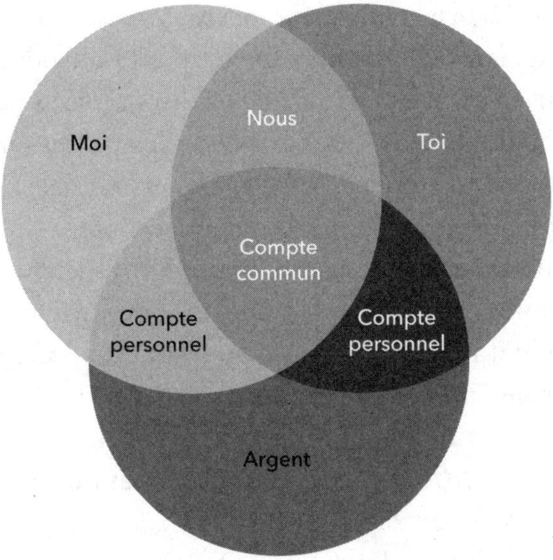

Une saine gestion financière

Les dépenses intégrées dans le budget commun devront être convenues ensemble au préalable. Ce sujet fera aussi partie de votre système organisationnel, et idéalement de votre CA de couple. Vous pourrez revoir annuellement le partage des dépenses et des gains. À vous aussi d'établir les montants que chacun déposera dans le compte conjoint pour couvrir les dépenses communes. Par exemple, selon le salaire de chacun, Coralie paie la garderie et Adam s'occupe de l'hypothèque. Faites simplement attention que la part de l'hypothèque soit reconnue pour les deux.

Dans le cas d'une famille recomposée, les dépenses communes devraient-elles inclure celles faites pour les enfants de l'un ou de l'autre ?

Il est important d'oser aborder toutes les questions qui vous traversent l'esprit avec votre partenaire de vie. Dans un contexte de famille recomposée, le parent pourrait perdre ses allocations familiales en vivant avec un nouveau partenaire. Il faudra donc que ce couple évalue les pertes financières engendrées par sa nouvelle situation matrimoniale et établisse un partage des dépenses qui en tient compte.

N'oubliez pas que vous êtes ensemble : il est donc important de veiller à l'enrichissement des deux partenaires, pas seulement d'un seul. Sinon, cela pourrait causer des inégalités à long terme et devenir une source de conflit grave.

Si ma douce moitié dépense pour des folies ou des gâteries, qu'est-ce que je fais ?

Si je reprends les cercles d'Yvon Dallaire, ce que chacun fait avec son argent, après le partage des dépenses et des revenus dans le compte commun, ne concerne pas l'autre. Chaque partenaire pourra décider de dépenser, de faire des économies, etc. Je pense qu'il est important ici de pouvoir avoir cette latitude individuelle sur une part de son argent qui n'a pas à être au service de la maisonnée. On procède tous à certaines dépenses qui ne sont pas si utiles, mais qu'on a besoin de faire pour son petit bonheur.

Nous sommes différents, tous les deux : mon partenaire économise et moi je dépense. Comment avancer en synergie ?

La communication sera votre clé. Si l'un de vous considère qu'économiser est primordial, qu'il le fasse. Si l'autre est dépensier, prenez soin de prélever dans son compte les montants nécessaires pour couvrir les dépenses communes avant sa lancée ! Revoyez les chapitres sur les croyances, les valeurs et les métaprogrammes.

Par ailleurs, il est possible que chacun des partenaires se laisse influencer, voire s'inspire de l'autre. Celui qui dépense pourra apprendre à mieux gérer ses finances ou à développer des stratégies pour acquérir une meilleure santé financière, ce qui aura un impact certain sur la gestion financière à deux. De son côté, celui qui économise beaucoup aura intérêt à apprendre à se gâter lui-même une fois de temps en temps.

J'ai des problèmes financiers et je ne sais pas comment en parler à ma douce moitié.

Abordez le sujet dans le bon contexte et en vous assurant de la disponibilité de chacun. N'attendez pas que la situation s'envenime et que les impacts sur le couple soient trop grands. Ensemble, sans jugement, vous pourrez trouver des solutions. N'hésitez pas non plus à aller consulter un conseiller financier ou même un psychologue si vous sentez que le problème prend sa source dans votre parcours émotionnel. Relisez aussi le chapitre 4 sur les effets du stress financier sur la santé.

Est-ce qu'il y aurait des problèmes financiers derrière nos difficultés actuelles ?

Un jour, un homme est venu me consulter, car il éprouvait de la culpabilité dans sa relation de couple. Dans les faits, il ne se sentait pas à la hauteur des attentes de sa conjointe. Cette dernière était déjà à la retraite, et elle lui répétait pratiquement tous les jours sa hâte qu'il la rejoigne pour qu'ils vivent leurs vieux jours ensemble. Cette attitude mettait une pression énorme sur sa vie à lui, une pression principalement financière. Il se demandait si leurs revenus seraient suffisants. Je l'ai invité à faire une planification financière avec un expert et à clarifier par la suite sa propre vision de leur retraite. Sa femme lui a alors précisé qu'elle voulait du temps pour qu'ils profitent tout simplement de la vie ensemble. Lui s'était imaginé que cette dernière voulait voyager, changer de domicile, bref, qu'elle souhaitait apporter des changements coûteux à leur vie commune.

Bien évidemment, tout changement apporte une perte, comme nous l'avons vu au chapitre 5, et cela peut générer des insécurités. Il est donc important de se pencher sur les gains d'un changement anticipé, mais aussi sur les pertes, et surtout d'avoir une discussion ouverte avec l'autre.

Au cours de votre vie à deux, beaucoup de changements ou de transitions se présenteront à vous, à votre couple également. Revoyez périodiquement votre système organisationnel de couple et discutez ensemble de vos préoccupations ou des tensions que vous vivez. N'oubliez pas que tout ce à quoi l'on fait face s'efface, et que ce que l'on fuit nous suit et apporte son lot de tensions.

Si vous avez confiance en votre partenaire, ce qui devrait être le cas, osez aborder « les vraies affaires ». Soyez complices même quand ce n'est pas facile, même quand ça concerne la gestion financière. Je vous invite également à relire le chapitre 6 pour fortifier votre comptabilité financière ainsi que le chapitre 7 pour adopter des stratégies gagnantes.

Alignez vos quatre cerveaux

Afin que vous puissiez vivre une synergie optimale, j'aimerais vous apporter un dernier conseil, soit celui d'aligner vos quatre cerveaux.

1. Cerveau gauche – raison et logique. Identifiez clairement vos projets individuels et de couple, ainsi que les étapes nécessaires à leur réalisation. Engagez-vous dans l'exercice pratique de la planification d'actions concrètes.
2. Cerveau droit – créativité et imagination. Explorez les images qui sont associées à vos projets individuels, de couple ou même familiaux. Pratiquez l'exercice puissant de la visualisation pour libérer la créativité.
3. Cerveau limbique (amygdale, hippocampe et hypothalamus) – ressentez les émotions. Explorez collectivement et individuellement les émotions liées à l'accomplissement de vos objectifs. Restez connectés aux ressentis, qui peuvent différer d'une personne à l'autre.
4. Cervelet – mouvements et action. Mettez vos plans en action. Progressez étape par étape, et coordonnez vos mouvements vers la réalisation.

La synchronisation et l'harmonie de ces quatre cerveaux, qui se multiplient par deux en couple, vous propulseront vers la concrétisation de vos rêves les plus audacieux. N'hésitez pas à plonger – ou à replonger – dans les exercices du chapitre 5, axés sur l'approche comportementale qui sollicite la synergie de vos quatre cerveaux, ainsi que le chapitre 8. Grâce à votre système et à votre processus de gestion organisationnelle, vous resterez alignés et, je l'espère, aurez du plaisir à avancer ensemble vers votre épanouissement sur les plans relationnel et financier.

Dans ce livre, j'ai souhaité créer un espace pour que vous puissiez vous accueillir individuellement et en couple à travers vos différences et en toute bienveillance, que ce soit dans vos croyances, vos perceptions ou vos filtres personnels. Il est facile de se juger soi-même et de juger les autres, mais il est avantageux de voir plutôt en l'un et l'autre une richesse à partager.

Il en va de même avec la gestion de vos finances. Je vous souhaite que celles-ci soient un sujet de discussion comme les autres. Lorsqu'il survient une mésentente, prenez un temps d'arrêt pour comprendre ce que celle-ci sous-entend : des peurs, des croyances, des perceptions, etc. Une mésentente n'est pas un conflit, elle est simplement le reflet de deux visions ou expressions différentes. Accueillez-vous !

Oui, malheureusement, des aléas de la vie peuvent survenir. Voyez-y malgré tout des occasions de revoir vos valeurs, vos objectifs, votre budget. Ajustez votre GPS (Gérer-Planifier-Suivre) et considérez que des recalculs seront nécessaires en cours de route.

Apprenez à aimer parler d'argent, changez votre pensée, et vous susciterez l'abondance financière dans votre couple.

Développez votre état d'esprit de couple

Afin de développer votre état d'esprit de couple, ou *mindset*, voici les conditions gagnantes pour accéder à l'épanouissement financier à deux.

1. Communiquez !
2. Transformez vos croyances.
3. Osez être et dire ce que vous ressentez.
4. Voyez des gains plutôt que des pertes.
5. Créez l'ambiance, soyez dans un état propice.

6. Gérez de l'argent, et non des sous ! Aimez l'argent, respectez-le.
7. Prenez des moyens pour rester optimiste.
8. Visualisez et planifiez vos projets de vie. Les détours sont permis, et rêver l'est aussi.
9. Créez votre mini-organisation, apportez votre contribution.
10. Harmonisez vos vibrations à celles de la richesse.
11. Écoutez-vous et prêtez attention au choix des mots.
12. Faites face à vos peurs et percevez-les comme un levier pour avancer.
13. Connectez-vous à l'être que vous êtes et non à vos avoirs. Après tout, aucun coffre-fort ne suit un corbillard !
14. Soyez créatif dans votre gestion financière à deux en tenant compte de la réalité de chacun.
15. Connectez-vous au bonheur. C'est une énergie puissante pour attirer l'abondance.

En terminant, je vous souhaite une vie à la hauteur de vos aspirations.

Les limites ou les freins ne sont pas nécessairement liés à l'autre ou à la vie, ce sont souvent ceux que nous nous imposons.

Je vous souhaite de vous découvrir individuellement, puis ensemble, et de vous enrichir au-delà de ce que vous pouvez imaginer.

Si vous vous trompez, c'est que vous essayez, et si vous essayez, vous avancez…

NOTES

Chapitre 1

1. Ce livre a été publié aux Éditions du Boréal en 1995. L'autrice a remporté le prix Sir-John-A.-Macdonald pour le meilleur livre d'histoire du Canada en 1993.
2. Bien sûr, tous les prénoms sont fictifs, même si les situations sont réelles.

Chapitre 3

3. Chambre de la sécurité financière, «L'amour et l'argent», sondage CROP, juin 2022. [En ligne] [https://chambresf.com/files/2022-10/ResultatsSondageAmourArgent.pdf].
4. Stéphanie Bérubé, «Les dettes, ce lourd secret...», *La Presse*, 6 novembre 2023. [En ligne] [https://www.lapresse.ca/affaires/finances-personnelles/2023-11-06/les-dettes-ce-lourd-secret.php].
5. L'excellent film *Sens dessus dessous* (*Inside Out*), des studios Disney, illustre bien les émotions fondamentales décrites par Paul Ekman. Tous devraient voir ce film afin de pouvoir parler au «je», de nommer les émotions qu'ils ressentent et d'exprimer les besoins qui sous-tendent ces émotions.

Chapitre 4

6. Gérard Bérubé, « Des jeunes sous haut stress financier », *Le Devoir*, 8 novembre 2023. [En ligne] [https://www.ledevoir.com/opinion/chroniques/801775/chronique-jeunes-sous-haut-stress-financier].
7. *Journal of Psychosomatic Research*, « The Social Readjustment Rating Scale », vol. 11, nº 2, 1967, p. 213-218.
8. Association canadienne pour la santé mentale, « Outil d'évaluation de sa santé mentale ». [En ligne] [https://cmha.ca/fr/trouver-de-linfo/sante-mentale/evaluer-sa-sante-mentale/outil-devaluation-de-sa-sante-mentale].

Chapitre 5

9. L'économie comportementale renvoie au domaine économique, tandis que ce que l'on nomme finance comportementale est davantage en lien avec la psychologie appliquée à la finance. Ces deux thèmes sont similaires et visent à expliquer les comportements humains derrière les finances.
10. Cette expérience et l'article qui en a découlé ont valu à Gene Weingarten le prix Pulitzer en 2008.

Chapitre 7

11. A. Mehrabian et S. R. Ferris, « Inference of attitudes from nonverbal communication in two channels », *Journal of Consulting and Clinical Psychology*, 1er juin 1967, 31(3), p. 248-252.

Chapitre 8

12. Sandy Lachapelle, « Le partage de vos dépenses en dit long sur votre couple », *Le Devoir*, 11 novembre 2023. [En ligne] [https://www.ledevoir.com/opinion/chroniques/801768/chronique-partage-depenses-dit-long-votre-couple].

Chapitre 9

13. Seules 34 % des entreprises familiales dans le monde ont un plan de relève solide. Source : Elisabeth Finch, « Continuité de l'entreprise familiale : comment préserver le patrimoine de la famille », PWC Canada, mai 2021.
14. Éducaloi, « Mourir sans testament ». [En ligne] [https://educaloi.qc.ca/capsules/mourir-sans-testament].

Chapitre 10

15. Annie Lafrance, « Couples en affaires : pour le meilleur et pour… l'imprévu », *Le Soleil*, 11 février 2023. [En ligne] [https://www.lesoleil.com/2023/02/11/couples-en-affaires-pour-le-meilleur-et-pour-limprevu-008a4a42138b0836ac7939c90582442d].
16. Entrevue avec le professeur Katsuyuki Kamei sur la santé des entrepreneurs réalisée par Antoine Gence, chargé de projets chez Familles en affaires/HEC Montréal. Source : https://famillesenaffaires.hec.ca/entrevue-avec-le-professeur-katsuyuki-kamei-sur-la-sante-des-entrepreneurs. (Consulté en ligne le 16 février 2023.)
17. « La santé mentale des propriétaires de PME », Rapport de sondage, novembre 2022. [En ligne] [https://www.bdc.ca/globalassets/digizuite/38563-bdc-etude-sante-mentale-proprietaires-pme-2022.pdf], p. 8. (Consulté en ligne le 15 février 2023.)
18. Entrevue avec le professeur Katsuyuki Kamei sur la santé des entrepreneurs, *op. cit.*
19. Femmessor et la Chambre de commerce du Montréal métropolitain, « Diversité entrepreneuriale : des impacts majeurs pour le Québec et sa métropole ». [En ligne] [https://evol.ca/wp-content/uploads/2021/12/ccmm-femmessor_etude_diversite_entrepreneuriale.pdf], p. 83. (Consulté le 16 janvier 2024.)

20. Emmanuel Martinez, «Repreneuriat : les femmes tirent de la patte», *Les affaires*. [En ligne] [https://www.lesaffaires.com/strategie-d-entreprise/pme/repreneuriat-les-femmes-tirent-de-la-patte/640105]. (Consulté le 2 mai 2023.)
21. Diversité entrepreneuriale: des impacts majeurs pour le Québec et sa métropole, *op. cit.*, p. 81.
22. Catherine C. Beaucage, «Repreneuriat féminin», Familles en affaires, HEC Montréal, novembre 2021. [En ligne] [https://famillesenaffaires.hec.ca/repreneuriat-feminin]. (Consulté le 10 décembre 2023.)

En guise de conclusion

23. Yvon Dallaire, *Conflits et disputes dans le couple. Comment les gérer?*, Éditions Québec-Livres, 2017, p. 108.

REMERCIEMENTS

Outre mes collaborateurs, Robert Vézina, Cindy d'Auteuil et Alexandre Moïse, mentionnés dans l'introduction, j'aimerais aussi remercier :

Mon éditeur, le Groupe Homme, pour son ouverture à amener ce livre au-delà de la finance traditionnelle. Merci surtout à Danielle, mon éditrice, pour ses précieux conseils.

Mon conjoint, Martin, mon partenaire de vie et également celui avec qui je partage la réalité du couple en affaires. Merci pour sa patience et ses conseils pendant ce projet d'écriture, lui qui a aussi accepté de se prêter au jeu des exercices du livre !

Mon fils, Zakary, qui m'encourage dans mes projets, me fait réfléchir à travers ses réflexions. Il m'inspire par sa grande sagesse, malgré son jeune âge.

Mes proches, mes clients, les clientes de Cindy et tous les couples qui m'ont apporté des éléments pour alimenter mon écriture par leurs réflexions et leurs réponses.

TABLE DES MATIÈRES

Suivez-nous sur le Web
et les réseaux sociaux !

EDITIONS-HOMME.COM
EDITIONS-JOUR.COM
EDITIONS-PETITHOMME.COM
EDITIONS-LAGRIFFE.COM
RECTOVERSO-EDITEUR.COM
QUEBEC-LIVRES.COM
EDITIONS-LASEMAINE.COM

Imprimé chez Marquis Imprimeur inc. sur du Rolland Enviro®.
Ce papier contient 100% de fibres recyclées durables,
est fabriqué avec un procédé sans chlore
et à partir d'énergie biogaz.

100% PCF BIOGAZ PERMANENT